小学生最感兴趣的

100

个科学谜题

陈 强 邓金玉 ◎ 编著

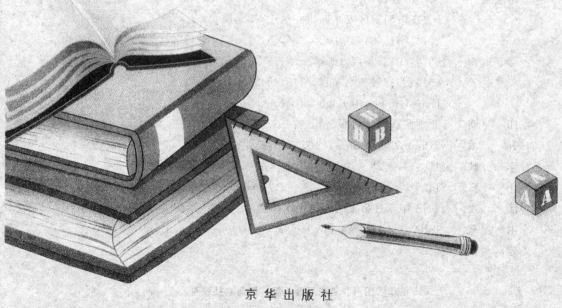

京华出版社

图书在版编目（CIP）数据

小学生最感兴趣的100个科学谜题/陈强，邓金玉编著. —北京：
京华出版社，2010.11（2016.5 重印）

ISBN 978-7-80724-443-1

Ⅰ. 小⋯　Ⅱ. ①陈⋯ ②邓⋯　Ⅲ. 科学知识—少年读物　Ⅳ. Z228.1

中国版本图书馆 CIP 数据核字（2007）第 174750 号

小学生最感兴趣的 100 个科学谜题

编　著□	陈　强　邓金玉
出版发行□	京华出版社
	（北京市朝阳区安华西里一区 13 楼 2 层 100011）
	（010）64258473　64255036　84241642（发行部）
	（010）64259577（邮购、零售）
	（010）64251790　64258472　64255606（编辑部）
	E-mail：jinghuafaxing@sina.com
印　刷□	北京龙跃印务有限公司
开　本□	710mm×960mm　1/16
字　数□	180 千字
印　张□	14.5
版　次□	2016 年 5 月第 1 版　第 2 次印刷
书　号□	ISBN 978-7-80724-443-1
定　价□	28.80 元

京华版图书，若有质量问题，请与本社联系。

前　言

　　本书精心挑选了日常生活中青少年朋友们经常接触的 100 个事物，用通俗易懂、风趣幽默的语言为读者讲述其中包含的鲜为人知的科学道理，妙趣横生、有滋有味。

　　本书抱着寓教于乐的理念，分为五章探讨了：

　　一、日常生活中的奇妙事物，从生活中点点滴滴入手，揭示其背后蕴含的科学奥秘；

　　二、人体的科学奥秘，诉说我们身体中的科学构造；

　　三、奇特的植物王国，讲述植物王国的种种独特之处；

　　四、奇趣的动物世界，描绘动物们种种奇闻趣事；

　　五、奇异的自然天地，刻画宇宙天地间的神奇造化。

　　希望读者们能够通过阅读此书，轻轻松松、快快乐乐地爱上科学，打开一扇智慧之门。感谢许芳、贾君、张璐、邓金玉、邢灵娥、储国松、许云锴、李纪平、汪定明等为本书所做的协助编写工作。

目 录

第一章 生活中的奇妙事物

第二章　人体中的科学奥秘

第三章　奇特的植物王国

第四章　奇趣的动物世界

第五章　奇异的自然天地

第一章

生活中的奇妙事物

1. 薄薄纸儿不用风，飘飘摇摇落下来！

科学档案馆：

奥秘事物：纸片

关键词：重力　空气阻力

奥秘指数：★★★

　　你猜猜如果没有风，小纸片从高处掉下会如何降落呢？告诉你吧，小纸片可顽皮了，它不会老老实实地垂直掉下来，而是会左摇右摆地飘落下来。不信，你可以试试呀！

　　这是为什么呢？首先我们得搞明白，小纸片为什么会掉下来，而不是一直飘在空中。小纸片之所以终究会落下来，那是因为有地球引力作用在纸片上。我们这个地球就好比一个大力水手，力量无穷大，地球上周围每个物体都会受到它的引力作用。在物理学中，把地球引力对物体所产生的作用，叫作重力。我们人类之所以能够安安稳稳地站在地球上，就是因为受到了重力的影响，要不一个个就成太空飞人了。小纸片当然也不能逃出地球的手掌心了！

　　但小纸片在掉落的过程当中，还会受到其他力的作用，例如我们突然伸手接住纸片，这时手就对纸片施加了一个托力，那纸片肯定就停止下落了。在小纸片掉落过程中，有一个力会一直作

用于它，它是恒在的，这便是空气的阻力。空气就好比一只无形的手，会不断地力图托住小纸片，但这个力太小了，要远远地小于重力，所以只能减缓小纸片下落的速度，并不能改变小纸片掉下来的命运。小纸片之所以会左摇右摆地飘落下来，就是这个空气阻力在作怪。纸片虽然平时摸起来平平的，但事实上各部分凹凸不平，形状各异，有些地方要高一些，有些地方要低一些，有些地方要厚一些，有些地方要薄一些。因而在下落过程中，纸片表面各处空气流速是不同的，各处所受空气阻力也是不同的，有些地方要大一些，有些地方要小一些，有些地方是这个方向，有些可能是相反的方向。这些力就像小朋友们一样贪玩，会互相追逐打闹，你推我挡。那小纸片经过这番折腾，想不左摇右摆都难了！

由此可见，薄薄纸儿即使没有风，也必然要飘飘摇摇地落下来！

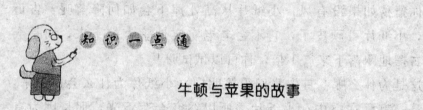

牛顿与苹果的故事

伟大的英国科学家牛顿，有一天犯困，就到自己的后花园长椅上小坐，解解乏。可不巧的是，牛顿坐下没多久，就有一个熟了的苹果掉下来砸到他脑袋上。牛顿摸摸脑袋，心想还好没事，就又继续眯眼打盹。但此时睡意全无，他拾起苹果，端详一会儿，心想为什么这苹果会自然而然地掉下来，而不会飞向太空呢？这个问题不断地在他脑中盘旋，不断地困扰着他。上天不负有心人，牛顿凭借着自己的天资，再加上刻苦努力的钻研，最终解答了这个问题，他认为这是由地球引力导致的。

并且在这个基础上发现了万有引力定律，即任何两物体之间都存在着吸引力。所以，我们都得感谢那个伟大的苹果呀，幸好没有砸伤牛顿聪明的脑袋，反而让他开窍了！

2. 大地雪后披银装，万籁俱寂却为何？

科学档案馆：

奥秘事物：雪后寂静

关键词：声波

奥秘指数：★★★

大雪过后，天地间白茫茫的一片，举目望去，心旷神怡！好多小朋友们此时都会邀上些伙伴，成群结队地到雪地里打雪仗、堆雪人，尽情玩耍。不知你有没有注意过这样一个现象，每次雪后出门好像都听不到什么声响，即使可以看到来来往往的人群在不停地忙碌着，他们发出的声响好像也不如平常那么嘈杂了。

为什么雪后天地就会显得宁静许多呢？当然首先在于雪后天气较为寒冷，人们出来活动就少了，动物们也会藏起来，他们此时制造的声响自然也就没有平常那么多了，换句话说，就是发声源少了，人们能够听到的声音也少了。可是，即便马路上人来人往，他们发出的声音也没有平常听得那么刺耳和嘈杂。所以，除了发声源少了之外，必定还有其他一些因素导致雪后天地要更为安静！其实，答案就藏在雪自己身上。我们知道，声音是通过声波来传播的。声波在遇到物体时会被反射回来，比如回声现象就是这个道理。但如果遇到的阻挡物身上有一些缝隙或小孔，声波也会被其吸收不少。而当地上铺满雪的时候，因为新下的雪比较蓬松，雪之间有很多空隙，声波就会传到这些雪的空隙中。由于这些小孔一般是开口较小而内部较大，当声音被吸入小孔后很难再被反射出来，也就是说声波被小孔"吃"掉了。声波减少了自然声音也就减弱了，所以会形成雪后万籁俱寂的现象。

由此可见，一旦这些小孔没有了，雪地吸收外界声波的能力也就减小了，人们能够听到的声音也就越来越多。所以，雪后随着时间的推移，越来越多的雪地被人们踩踏，气孔也就减少，吸收的声音也就少了，听到的声音也就多了。更有趣的是，人们把气孔吸收声音的原理，应用到生活当中，如电影院的墙体表面，一般都要处理成粗糙的麻面或者采用带有吸音孔的板材，就是为了减少回音。

声波如何传送

声源体发生振动会引起四周空气振荡，那种振荡方式就是声波。声波一般是借助空气进行传播。可以被人耳听见的声波就叫作声音。当可听声波达到人耳位置的时候，人的听觉器官会有相应的声音感觉。除了空气以外，水、木头、钢铁等物体也能够传播声音，而且传播效果比空气好。比如我们耳朵贴近墙壁在另一侧敲击的话就会听得很清楚，因为墙壁相比空气是声波更好的传播媒介。声波不能在真空传播，比如在月球上是相互之间听不见声音的，如果宇航员在太空中想交谈，就得依靠特定的声音传输设备才行，要不然喊破嗓子都没用。

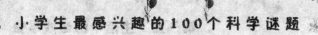
3. 长长电线好奇怪，近看直来远却弯!

科学档案馆：

奥秘事物：眼睛成像

关键词：横向长度　垂直距离

奥秘指数：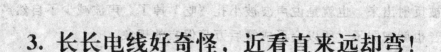★★★★

　　平常，我们会经常看到一截一截的高压电线架在高高的线杆上，延伸至远处的天际，但不知你有没有观察到这样一个现象：离你较近的电线，它们看起来往往是笔直笔直的，它们绷得紧紧的；可是如果你此时抬头，眺望一下远处的电线，它们看起来却是略显弯曲的；而等你走到原来离你较远的电线杆近旁，此时你再抬头望望，弯曲的电线又直了，回过头看看，原来看起来拉直的电线却变弯了。这就怪了，按道理不论远近，同一线路上的电线它们的松弛度应该是一样的呀？告诉你吧，这都是我们眼睛搞的鬼。

　　我们都有过这样的经验，同样的一个人如果站得离我们较远，那就会显得很小，反之离得较近看起来就比较正常了。同样的道理，两电线杆之间架着的电线长度是恒定的，其松弛度也是固定的，但是站在远处看，电线在我们眼里成的像要比实际长度短很多，而站在近处看，眼睛里的电线长度就要长一些，如此一来，远处看到的电线横向长度要比近处看到的电线横向长度短不少。电线杆间架着的电线往往会拉得直直的，但不可能没有一点松弛度，要不然就很容易绷断了。那么电线的松弛度是如何反映到眼睛里呢？我们可以做个理想化的处理，假设在两电线杆的顶端连成一条直线，那么电线下垂的最低点到这条水平直线的垂直距离在眼睛里的成像就是电线松弛度的反映。垂直距离越大，说明电线就越弯曲，反之则越直。这个距离通常都很小，远近看起来差别不大。如此一来，近处跟远处看到的垂直距离相差不大，但近处的横向距离却要比远处的大，那么远处的看到垂直距离和横向长度之比就要比近处大，看起来就要弯曲些！

由此可见，眼睛也会"欺骗"我们呀。

眼睛如何看东西

眼睛看东西，也叫眼睛成像，跟照相机成像原理类似，都是遵循凸透镜成像的原理。黑眼珠上最外层覆盖的一层薄薄的角膜以及其内晶状体，就是一个活生生的"凸透镜"，能够把外界射来的光线聚焦。更为奇妙的是，这个凸透镜可以根据物体离眼睛的距离来改变折射率，从而能把物像倒立、缩小，并清晰、固定地呈现在视网膜上。而此时分布在视网膜上的视神经细胞受到光的刺激，就会把这个信号传输给大脑，人就可以看到这个物体了。眼睛在视网膜上成的像是一个倒立的实像，但是人的感觉却是正立的，这是由于人的神经中枢处理分析后的结果，使得人们的感觉永远是正立的实像。

4. 常说水火不相容，没想水也会"助燃"！

科学档案馆：

奥秘事物：水　炽热炭

关键词：化学反应

奥秘指数：★★★

"水火不相容"，如果不小心着火了，第一反应肯定是马上弄些水来，好把火浇灭。那你知道吗，水火也有相容时，有些时候水竟然可以"助燃"！好比说，如果用炭来烧水、做饭，每每都会有少量水从壶里或锅里溢出，这些热水洒到通红的煤炭上，不仅不会浇灭炭火，反而可以听到"呼"的一声，只见火苗蹿得老高，烧得更旺。这是怎么一回事呢？

　　如果你明白水的构成，就会很容易理解为什么水也可以"助燃"了。化学家们研究发现，水的化学成分是氢和氧，如果这两种成分单独存在，都是有助于燃烧的。但它们合在一起构成水后，就没有助燃这种本领。那是不是通过一些技术手段，把这两种成分从水中分解出来，就可以助燃了呢？是的，滴落到炭火上的水之所以助燃就是因为这个缘故。当溢出的少量水遇到赤热的煤炭后，在高温的作用下二者就会发生化学反应，生成一氧化碳和氢气，而恰好这两种气体都是可燃性气体，如此一来就好比是给旺盛炉火添油，那火苗自然就会蹿起，烧得更旺了！

不过，我们得记住，只有少量的水滴落到炭火才行，若是你心血来潮把一盆水倒在火苗上，那肯定不会出现助燃的景象，而是会把火给浇灭！这是因为，水跟煤炭发生化学反应只有在高温条件下才能进行，而一旦把大量的水浇在煤炭上，这些水就会吸走很多热量，煤炭温度就会骤然下降，自然也就不会发生化学反应产生出一氧化碳和氢气了。同时，水由于吸收热量变成水蒸气后，也不会迅速离去，而是继续遮盖在燃烧的煤炭上方，从而隔绝了煤炭与空气的接触，煤也就会因为得不到充足的维持其燃烧的氧气供给，自然也就灭了。可见，不论是水灭火还是水助火，都是在一定条件下发生，具体问题还得具体分析。

知识一点通

用水灭火先思量

水能够灭火，是通过两个机制达到的：其一，把大量的水浇到燃烧物上面能迅速降低物体的温度，当温度降至物体燃点以下火就会熄灭；其二，水在受热后会蒸发形成水蒸气，它会阻隔燃烧物与外界空气接触，燃烧物由于不能获得氧气供给也会熄灭。不过，这两个机制能否发生，也要看条件，好比上面说的少量水会助煤炭燃烧就是一个反面例子。而事实上，水对很多物质都会发生类似的助燃作用，尤其是一些金属如钾、钠、镁等，即使在常温下也很容易同水发生化学反应并且燃

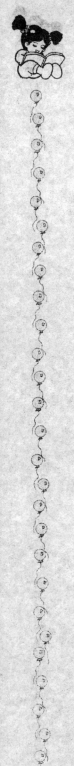

烧。所以在遇到这类物质燃烧的时候千万不能用水去灭火，那样只会适得其反。当然还有其他一些情况也不能用水灭火，在此就不一一列举，只是谨记"用水灭火先思量"！

5. 不平镜子需近看，越远越是会走样！

科学档案馆：

奥秘事物：镜子

关键词：镜面反射　走样

奥秘指数：★★★

　　你一定照过镜子吧，那你知道镜子是靠什么照出物体的吗？比如说，镜子跟我们平常见到的窗户玻璃，都是同一种物质做成的，为什么窗户玻璃就不能清晰照出物体的像，而镜子就能呢？告诉你吧，关键不在于镜子的正面，而在于镜子背面。我们平常用的镜子，背后都覆盖了一层薄薄的镀金属反射膜，但由于镜子背面要么被包起来要么涂上了一层漆，所以我们通常是看不到的。那么这层膜到底对镜子成像产生了什么影响呢？

　　这还得从光的反射说起。我们之所以能够看见物体，是因为有光线照到物体上，物体会对这些光线产生反射，这些反射光再射到我们的眼睛里。由于物体表面各处凹凸不平，它对光线的反射是杂乱的、毫无方向的，这叫作漫反射。而镀金属膜镜子的反射完全不同，光线射到镜面上，镜子会有规则地反射回来，这叫作镜面反射。当物体光线射到镜子上后，这些光线会有规则地反射回来，再射入我们眼睛中，并让我们看到镜子背后好像有一个一模一样的物体存在——物体虚像。所以镜子背面的镀金属膜，是照出样子来的关键。一旦这个镀金属膜不平整，或者由于玻璃厚薄不均匀导致镀金属膜高低不等，那这个镜子照出的像就会走样了。如果我们还是想用这个镜子照像并且希望不那么走样，那该怎么办呢？告诉你吧，只要你走近一些，就可以减少镜子走样的程度。这是因为，站得越远，镀金属膜的反射光到达的位置就会越偏离正常位置，镜子照出的像自然也就越走样了；反之，站得近一些，可以减少反射光偏离的程度，也就可以减轻走样的程度了。

所以，如果你有个劣质的镜子老走样，又舍不得扔掉的话，那就在照镜子时站近点，相信会好很多的。

知识一点通

"空杯变花"小魔术

有这样一个小魔术：魔术师把一只透明玻璃杯放在桌上，又拿出一块手帕，向观众反复展示此手帕无问题，随后他用手帕盖上玻璃杯，又立马掀开，此时你会发现杯中竟多了一束鲜花。相信很多人看完都会觉得魔术太神奇了，但事实上这个魔术很简单，你也完全可以来个"空杯变花"。只要在表演前，在这只空杯正中竖插两块镜子，把镀金属膜的一面靠在一起，而正面都朝外。这样一来，玻璃杯被隔成两半，在其中一半放上一束鲜花，另一半是空的，开始表演时把空的一面朝观众，由于镜子成像的作用，观众看到的仍是一只完整空杯；用手帕一盖，迅速将玻璃杯转过来，使藏花的一面朝观众，把手帕一掀，鲜花当然也就出来了，看到的杯子同样还是完整的。

6. 点点烛光两种色，里边暗蓝外边黄！

科学档案馆：

> 奥秘事物：蜡烛
>
> 关键词：烛光颜色 氧气
>
> 奥秘指数：★★★

　　不知你在点蜡烛的时候，仔细观察过烛光没有？如果观察过，有没有发现蜡烛的火焰颜色是不一样的呢？只要你细心瞧瞧，就可以发现火焰明显地分为三层。如果你再仔细观察观察，会进一步发现，三层的亮度不一样，并且它们的颜色也不一样。靠近蜡烛芯的一层叫焰心，光很暗；再往外是内焰，是又宽又亮的一层，这两层都是蓝色；最外面一层不厚也不亮，叫作外焰，呈黄色。

　　这是为什么呢？原因有二：一是各层火焰的温度不同，外焰由于与空气的接触面积最大，因此获得的氧气就充足，燃烧也就更充分，温度自然最高，内焰和焰心由于不能充分燃烧，温度显然就要低一些了。例如，我们用手卡住一根火柴把它横在火焰中间，让火柴尽量同时接触火焰的三层，过一会儿把火柴抽出来，就会发现处于火焰外焰的那部分火柴最先被烧焦了。二是不同层的火焰接触的气体种类不同，由于有外焰隔着，内焰不能直接接触空气，它主要接触氢气，所以产生的火焰颜色是淡蓝色的；外焰可以直接接触空气，也就能直接接触氧气，氧气能够助燃，所以产生的火焰颜色就是黄色的了。这是就蜡烛所产生的火焰而言，事实上很多火焰都是可以清楚地看到被分为三层，且里外的颜色也不同，它们的原理跟上面讲的烛光原理是一样的。

如果我们能够把火焰的各层单独控制起来使用，那该多好呀，例如内焰最亮，我们把它控制起来用来照明；外焰温度高，我们就可以用它来加热。不过，这只能是个人愿望了，因为火焰的三层太要好了，我们是不可能把它们分开的。

知识一点通

古人点蜡烛的趣事——剪烛

唐代诗人李商隐有一首绝句，题为《夜雨寄北》，共四句为"君问归期未有期，巴山夜雨涨秋池。何当共剪西窗烛，却话巴山夜雨时"。这首诗，表达了诗人对与爱人重聚的殷切期盼，也于无形中说出了一个历史事实，那就是古代的人们在点蜡烛的时候是要不断地剪烛的。这是为什么呢？这里所说的剪烛，并不是指把蜡烛真的一节一节地剪下来，确切地说是不断地剪掉蜡烛烛心。在古代很长一段时间内，蜡烛烛心是用棉线搓成的，直立在火焰的中心，根本无法完全烧尽，而是不断地炭化，所以必须不时地用剪刀将残留的烛心末端剪掉。直至一千多年后发明了三根棉线编成的烛心才解决了这个问题。可见一个小小的科技进步，得花多长的时间呀。

7. 方方纸张对对折，想超七次难上难！

科学档案馆：

奥秘事物：纸张

关键词：对折　乘方

奥秘指数：★★★★

给你一张方方正正的纸让你不停地对折，你觉得自己可以对折几次呢？换句话说，是否可以无限次地对折下去呢？从理论上来说，是可以的，但是从实践上来看，是不可能的。在实践中，要把一张纸对折七次以上就难上难了。

这是为什么呢？具体说来，其实是一个纯粹的数学问题。一张纸对折一次，它的面积就变成原来的二分之一，但厚度却变成两倍；对折两次，面积变成原来面积的四分之一，厚度变成原来厚度的四倍；对折三次，厚度变成原来厚度的八倍，而面积刚好相反，变成原来的八分之一；对折四次，厚度变成原来厚度的十六倍，而面积也是刚好倒过来，变成原来的十六分之一；在此基础上，若是再对折一次，面积变为原来的三十二分之一，厚度正好相反变成原来的三十二倍；若是再对折一次，面积就变为原来的六十四分之一，而厚度变为原来的六十四倍；进而，对折七次

的话，厚度就变为了原来的一百二十八倍，面积是原来的一百二十八分之一；要是想超过七次，对折八次的话，厚度就变为原来的二百五十六倍，面积刚好相反，变为二百五十六分之一。可见，把纸张对折的话，纸张厚度是顺着2的乘方依次增加，而其面积正好相反，递次减少。

假设，让你对折一张厚度为0.1毫米，面积1平方米的纸，对折一次后这张纸面积减半，为0.5平方米，而厚度增加一倍，为0.2毫米；在此基础上，再对折一次，纸张面积再减半，为0.25平方米，而厚度再增加一倍，为0.4毫米；以此类推，对折七次后，纸的厚度变为1.28厘米，相当于一本书的厚度了，而面积却变得很小很小了。如此厚的厚度，而如此小的面积，加上纸张本身的拉力，要想再对折可见是相当不易的了。这还是假设纸张的面积挺大，如果一开始纸就很小，那就更困难了。

围棋的故事

从前，有一位国王非常喜欢围棋，觉得没有它自己的生活将毫无意义，于是决定重奖围棋的发明者，允诺满足他提出的任何条件。发明者却只提出赏给自己大米就行，但附带的条件是，在棋盘上的第一格放上1粒米，在第二格上放上2粒米，在第三格上加倍至4粒，依次类推，每一格均是前一格的双倍，直到放满整个棋盘为止。国王心想，这还不是易如反掌的事，急忙吩咐仆人拉出米袋，先在第一格放上1粒米，第二格放上2粒米，依次类推。放着放着，国王就觉得不对劲了，因为一袋米很快就见底了。他这才反应过来，看似简单的要求其实是个无底洞。你想想围棋一共有361格，最后一格的米粒数可是360个2相乘，那将是多大的数呀！国王大呼上当了。

8. 飞机本是庞然物，小鸟一触却坠落！

科学档案馆：

　　奥秘事物：飞机

　　关键词：速度　撞击力

　　奥秘指数：★★★★

　　坐过飞机的人都知道，客机往往都有一个能容纳好几百人的机舱，可以说是一个金属做的庞然大物。可是，这样一个庞然大物，却有一个小小的敌人——空中的小鸟，如果碰到它就必须远远地躲开，要不然后果不堪设想。

　　为什么大大的飞机还会惧怕小小的鸟儿呢？这其中的奥秘在于速度。其实飞机并不是真的怕鸟，而是害怕与鸟的相对飞行速度。两物相撞的撞击力一方面跟相撞物体的质量有关，越重则撞击力越大；而另一个主要的影响因素就是相对运动速度，速度越快则撞击力越大。以飞机与鸟为例，通常飞机起降阶段速度都达好几百公里每小时，换算下来将近百米每秒的速度，如果鸟儿的飞行速度忽略不计，由于相对速度的缘故，鸟儿撞上飞机的速度等同于飞机自身的速度，如此一来，一只约100克的小鸟，产生的撞击力就相当于一颗手枪子弹的冲击力。所以飞机怕遇上鸟，就

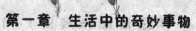

是因为飞机的相对速度快，与物体相撞后的力量就大。如果小鸟不小心撞到飞机上，它自己也很可能死掉，同时高速下的撞击力也可能把飞机被撞部位损坏，飞机就会很麻烦了。比如鸟撞坏发动机，会造成发动机空中停止运作，甚至会引起发动机空中失火，直至引燃整个飞机。

不过，如果飞机升上高空平稳飞行后，这种情况就不会发生了。这是因为飞机高空飞行一般在大气的平流层，没有鸟能够飞这么高。一般的飞机与鸟撞击是发生在飞机起落或者低空飞行的时候，此时飞机遇见鸟儿，因为飞机速度很快，鸟一般无法躲避，二者就会很容易相撞。所以选择机场地址的时候避开成群的鸟儿聚集地，就很重要，要不然相撞的事件发生概率就会大大增加，后果很严重！

飞机发明家——莱特兄弟

莱特兄弟，哥哥叫作威尔伯·莱特，弟弟叫作奥维尔·莱特，是美国飞机发明家。他们出生于美国俄亥俄州一个普通的牧师家庭，分别排行家中老三老四。兄弟俩从小都对飞行有浓厚兴趣，总是幻想着有一天能够像雄鹰那样展翅翱翔天空。长大后，他们为了谋生开了个修车铺，白天干活，到了晚上和周末就开始进行各种试验，寒暑不改。比如在 1901 年的一年中，他们就制作了 200 多个不同形状的机翼模型，冒着生命危险，从不同角度进行了上千次的风洞试验。还好，皇天不负有心人，经过他们多年的努力，他们于 1903 年 12 月 17 日架

着被命名为"飞行1号"的飞机冲向天空。虽然它最长一次飞行也就短短59秒，飞行距离只是几百米，可是莱特兄弟却迈出了人类征服天空的第一步，功德永存人间。

9. 公共汽车跑得快，往后跳下易摔跤！

科学档案馆：

奥秘事物：汽车

关键词：惯性

奥秘指数：★★★

　　随着社会进步，经济发展，人们会越来越多地接触到汽车，比如说好多小朋友可能每天上学都要坐小汽车或者搭乘公共汽车。那么，如果在乘坐汽车过程中遭遇一些意外，乘客们需要从汽车里跳出去，你觉得应该怎么跳呢？是往前跳，还是往后跳呢？如果你选择往前跳的话，那就对了，此种跳车方式要比往后跳安全得多。这是为何呢？一句话，这是惯性的作用！

　　在物理学中，有一种运动叫作惯性运动，它是指物体在外力的作用下做运动，如果突然把这种外力撤销，物体并不会立刻终止原先的运动状态，而是会把原先运动状态继续保持一段时间。例如坐过汽车的人，都有过这样的经验，如果汽车突然刹车，好多人的身体并不会保持正直而是会向前倾倒。这个就是惯性运动导致的结果，因为汽车是向前行驶的，坐在汽车里的人身体也会保持着向前倾的趋势，以维持自己身体和汽车之间的平衡状态，如果汽车突然刹车，那么，人由于惯性还会继续向前倾斜，如此一来就必定有倾倒的趋势了。同样的道理，当我们准备从汽车里跳出去的时候，因为惯性，我们的运动方向和速度跟汽车是一样的，这时候相对于地面我们是向前运动的。而人在跳跃的时候，会习惯性的往前伸出一只脚作为支撑，以防摔倒。所以，在跳车的时候，我们应该往前跳，由于前脚的支撑作用，摔倒的可能性会减小。如果往后跳的话，此时往前伸出的脚跟我们身体由于惯性导致的运动方向是相反的，根本就起不到支撑的作用。所以，往后跳的话就更容易摔倒受伤。

不过，提醒大家，跳车是只有在迫不得已的情况下才要考虑的举动，平常不要轻易尝试。

知 识 一 点 通

惯性定律

早在两千多年前，当时有名的学者亚里士多德，提出运动与力的关系是：必须有一个恒定的力作用在物体上，物体才能够以恒定的速度运动，没有力的作用，物体就静止下来。这一结论影响了将近两千年，直到意大利科学家伽利略时期，才被推翻。伽利略敏锐地注意到，当物体沿斜面向下运动时速度是不断增加的，而沿斜面向上运动时速度则不断减小。因此他提出，力并不是物体运动的原因，而是运动状态发生变化的原因，如果一个物体具有某种速度，只要没有外力的干扰，就会保持这种速度不变。此后，牛顿在总结伽利略的发现后，提出了牛顿第一定律：一切物体在没有受到力的作用的时候，总保持静止状态或匀速直线运动状态。

10. 黑夜细瞅高压线，一层绿光绕其身！

科学档案馆：

　　奥秘事物：高压电线

　　关键词：尖端放电

　　奥秘指数：★★★

　　我们经常可以在马路边看到高高的电线杆上架着电线，一截儿一截儿地连着，延伸至远方，它们就是我们常说的高压线。如果到了晚上，去仔细瞅瞅这些高压线，你会发现一个特别有趣的现象：高压电线好像突然化了妆似的，其周围萦绕着一层绿光！这是什么缘故呢，它们为什么会给自己披上一层绿光呢？

　　其实这是一种微弱的尖端放电现象。在物理学中，尖端放电是指这样一种情况：某个输电导体，如果它凹凸不平，就会出现电荷聚集现象，在越凸出的地方（尖端）聚集的电荷会越多，而在越凹陷的地方电荷则越少。如此一来，那些凸出的地方（尖端）电荷由于越聚越多，就会产生很强的电场，如果这个电场的强度达到一定水平的话，就可能出现击穿空气放电现象。高压电线，虽然从我们肉眼看来，十分光滑，但其实也是凹凸不平的。虽然凹凸不等的程度很小，没有大起大落，但是因为高压电线经过的电流量很大，所以在这些微弱凸起的地方也会聚集大量的电荷。大量电荷的聚集产生强电场，从而出现尖端放电现象，放电时产生的光就是夜晚看到的萦绕在高压线周围的绿光。

在实际生活中，要尽量把高压电线做得光滑平坦，避免有过于凸起的地方，要不然很容易发生尖端放电现象，而这种尖端放电现象通常是具有很大的危害性的。比如，我们都知道不能靠近高压线，就是因为人体即使和高压线有一定的距离，而且中间没有导体，但高压线中大量的电荷可能导致尖端放电现象，从而击穿空气而导致人体触电，严重者有性命之忧。所以，不要轻易靠近高压电线，即使需要也得先采取一定的安全措施。

知 识 一 点 通

避雷针为啥能避雷

我们都知道，每到雷雨天，高楼上空就会出现带电云层，如果不采取一定措施，高楼就很容易被雷击中，所以很多高楼顶端都会安装避雷针。它由三部分组成，即避雷针、引下线和接地装置。它是利用其高出被保护物的突出位置，把雷电首先引向自身，然后通过引下线和接地装置，把雷电流泄入大地，以保护人员或建筑物免受雷击。那它是如何把雷电引向自己的呢？就是利用了尖端放电原理。当带电云层靠近建筑物时，建筑物会感应与云层所带电荷相反的电荷，这些电荷会聚集到避雷针的尖端，达到一定的值后便开始放电，避雷针与云层之间的空气就很容易被击穿，成为导体，吸引着雷击朝自身而来。

11. 厚冰追逐跑得欢，薄冰爬行更安全！

科学档案馆：

  奥秘事物：冰

  关键词：压力、压强

  奥秘指数：★★★

  一到冬天，随着气温降低，北方很多江河湖泊就会结上厚厚的冰。如果冰层达到一定厚度后，人们就可以安全地在冰上走路、跑步、滑冰等等，享受冰上运动带来的乐趣。有些河流结成的冰层厚度，足以让汽车安全行驶。不过，要在冰上追逐打闹，前提是冰层足够厚。如果你不小心踏上薄薄的冰层，心里害怕想着快点脱离此险境，就加快速度跑起来，那你就大错特错了！此时，你应该先冷静下来，慢慢躺在冰层上，然后匍匐前进，这样可以大大提高脱险的概率。

  这是什么缘故呢？这得从物理学中的压力与压强关系说起。压力，就是指物体之间相互接触挤压时产生的力量，而压强就是每个接触点平均受到作用力的大小。在压力一定的情况下，接触面积越大，压强就越小，反之则越大。也就是说可以通过扩大接触面，使得每个接触点上的压力变小。在薄冰上行走，就是利用了这个原理。在薄冰上匍匐前进，虽然我们此时和站立时体重一样，对冰层的压力没有改变，但是我们站立的时候与冰层接触的是双脚，而趴着的时候是全身，后者与冰层接触面积要大大高于前者，这时候由于体重而施加给冰层的压力就分摊到了所有与冰层接触的身体表面，平均每一点受到的压力就会比双脚站立时小很多。各接触面的平均压力较弱，冰层就不太容易破裂，对我们来说也就更安全。

所以，大家冬天在冰上玩耍时一定要小心，尽量不要走到冰层很薄的地方。如果发现冰层有破裂的迹象，一定不要慌，而是趴下匍匐前进，如此一来要安全许多。

冰上足球——冰球

冰球是冰上的一种球类运动，起源于加拿大。早在1855年，加拿大金斯顿就流行一种冰上游戏，参加游戏者足绑冰刀，手持曲棍，在冰冻的湖面上追逐拍击用木片制成的冰球，双方你追我赶，把冰球射入对方球门多者为胜，这就是现代冰球运动的前身。不过，那时候参加人数和场地均无限制，运动规则也不严格。现今的冰球运动，则严格规定双方参赛人员只能是6人，比赛地点通常是室内滑冰场，比赛目的是射门得分。虽然冰球运动传入中国的时间是上个世纪30年代，但发展一直比较缓慢，至今实力跟国际强队如加拿大、俄国、美国等相比还有很大差距。

12. 花粉保健身体棒，独独有人不能闻！

科学档案馆：

　　奥秘事物：花粉

　　关键词：营养成分　过敏反应

　　奥秘指数：★★★

　　植物的花粉，是种子植物用来繁衍后代的雄性器官，可谓是自然的精华所在。它们往往是体小量多，有些地方甚至出现过"花粉雨"的现象，例如我国六七十年代，就出现过天降"黄雨"的现象，后来经过科学家研究发现，夹带在雨中的黄色粉末是植物的花粉。好多花朵产出的花粉数量数以万计，比如有人算过，玉米每朵花的花粉达5亿，多得吓人！

　　花粉通常是植物的精华所在，所以营养含量极高，有人甚至有过这样的比喻，一粒花粉就好比是一个营养丰富的仓库，所以少人开始把花粉当作一种强身健体的天然保健品来看待。据科学家研究发现，新鲜花粉中含有蛋白质、氨基酸、维生素、糖、抗生素、生长素等八种成分，均对人体健康有益处，比如说其中一种叫芸香苷的成分具有增强毛细血管壁强度的作用，食用它可以预防脑溢血、心脏病等。所以，摄入一定量的花粉，就如同进食一定量的补药一样，医学上甚至发明一种花粉治疗法来帮助人们抵抗疾病。

可是，并不是所有人都能享受花粉的好处，一些人天生会对花粉产生过敏反应。一旦有了花粉过敏反应后，人们常常会流鼻涕、打喷嚏，好像感冒了一般，严重者甚至会出现哮喘或皮疹的现象，极大地困扰着人们的生活。为什么有些人会有上述反应呢？这是因为花粉通过与人体的特定免疫细胞结合产生了一种叫组胺分子的物质，它强烈地刺激到人的眼睛和鼻子等器官，引起过敏反应，这是人体对某些物质刺激的夸大反应。不过这还好，起码对人体没有生命威胁。有些花粉干脆就是毒性的，如醉鱼草等，若有什么动物如蜜蜂不小心摄入一些，它们的生命都有可能面临危险！

知识一点通

"花粉雨"是如何形成的

在一些国家地区，都出现过"花粉雨"的现象。所谓"花粉雨"，顾名思义就是含有花粉的雨水下降。它的形成，主要是由于开花季节里的气流骤变导致的。咱们都知道，花粉传播主要有两条途径：一是靠风，二是靠昆虫，前者叫风媒花植物，后者就叫虫媒花植物。如果某个地区里的风媒花植物较多，到了开花季节，空气里就会弥漫着大量的花粉，一旦遭遇到气流突变，气流就会带着这些大量小而轻的花粉一起上升，一经与水蒸气凝结成滴，就又会从空中降落，形成"花粉雨"。由于花粉通常是有颜色的，"花粉雨"往往也就有颜色了，所以如果你看到带有某种颜色的雨水时，很可能就是花粉雨了。

13. 滑雪要用滑雪板，滑冰却用滑冰刀！

科学档案馆：
　　奥秘事物：滑雪板　冰刀
　　关键词：压强
　　奥秘指数：★★★

　　滑雪和滑冰，是冬天非常受大家喜爱的两项运动。滑雪一般是从山坡上往下滑，左右穿梭，飞驰而下；而滑冰则是在冰冻的水面上，不仅速度飞快，而且姿势优美，如同舞蹈。大家在欣赏和参与这两项冰上运动的时候一定会注意到它们的器材是不同的，滑雪用的是滑雪板；而滑冰用的是装有冰刀的滑冰鞋。滑雪板是一副长长平板，而冰刀则是像一把刀那样锋利。那么，同样都是冬季速度运动，为什么它们的器材差别如此之大呢？

　　滑雪和滑冰之所以器材不同，是跟它们运动场所的差异有关系。大家都知道，滑雪是在雪上滑行，而滑冰则是在冰上。雪比较松软，而冰很坚硬。滑雪时用滑雪板是为了增大人与雪的接触面积而减小对雪的压强，这样雪才能承受人的重量避免陷进雪里，如此人才能够在雪地里自由驰骋。而冰刀的使用则恰恰相反，它是为了增大人对冰面的压强。冰有个物理特性，就是在压强增大时它的熔点会降低，也就是说，对同样温度的冰施加更大的压强，就会有一部分冰化成水，因为这时它需要更低的温度才能凝结。滑冰就是利用了冰的这个特性。冰刀非常窄，如同刀刃一般。人穿上冰鞋踩在冰面上与冰的接触面积非常小，在这种情况下对接触的冰面压强很大，这部分冰面在压强增大的情况下熔点就会降低，这样就会有一部分冰化成水。冰刀的下面就会形成一层薄薄的水膜，可以对冰刀起到润滑的作用，减少滑行时的摩擦力，这样才能在冰面上飞舞。

需要注意的是，滑冰时用冰刀也是有弊端的。因为冰刀比较锋利，而且滑冰时速度很快，一旦冰刀碰到人的话就很容易发生事故。所以大家在滑冰时一定要注意安全，不要在人多的地方滑冰，也不要过于追求速度，一定要以安全为重。

熔 点

熔点就是物质由固态转变为液态时所需的最低温度。熔点是物质的一个物理性质，但它不是固定不变的，其变化主要受两个因素作用。一个就是物质中的杂质，如果某种物质掺杂了一些杂质，即使数量很少，物质的熔点也会发生很大的改变，如水中溶有盐，熔点就会明显下降，下雪时撒盐，海水冬天不结冰等现象就是这个道理。另一个影响因素就是压强，压强变化熔点也要发生变化，但具有两种不同变化情形：对于大多数物质，熔化过程是体积变大的过程，当压强增大时，这些物质的熔点要升高；对于像水这样的物质，与大多数物质不同，冰熔化成水的过程体积要缩小，所以当压强增大时冰的熔点要降低。

14. 火车驶过大原野，窗外天旋地也转！

科学档案馆：

奥秘事物：车窗景物

关键词：相对运动

奥秘指数：★★★

　　经常坐火车的人，肯定有过这样一个体验：当火车急速地驶过一片原野，此时若把目光投向窗外，往前望去，没一会儿工夫就会觉得好像整个天地都在旋转。不信的话，等你有机会坐火车的时候，可以自己去瞧瞧，亲身体验一把大地旋转的感觉！那就要有个问题了，按道理大地是静止不动的，火车是直线地向前行驶，为什么坐在火车上的人看到的窗外天地却好像在不停地旋转呢？其实，这是有物理原因的。

　　科学上，把物体运动定义为物体相对于另一物体空间位置的变化，因而判定一个物体的运动方向和运动速度如何，就必须给一个物体选择一个参照类物体才行，不然就无所谓空间位置变化了。比如说，我们坐在火车上，相对于车厢而言，我们身体与车厢之间的相对位置是不变的，可以说是静止不动；但相对于大地而言，我们身体则正以火车一样的速度在向前运动。若此时我们看车窗外，相对窗外景物而言我们的身体都是在不停地运动的。但是这种相对运动，呈现到人眼中的感觉会因距离远近而大不相同。我们看近处的景物，视角很小，景物就会一闪而过，所以就会显得运动得特别快；但是看远处的景物时，由于视野比较开阔，景物停留在视网膜上时间要长，相对运动速度感觉起来就要慢好些。所以，从眼睛感觉到的相对运动而言，不同距离的景物运动的快慢不同，而且会呈现出总体的层次感，远近视觉形成反差，导致产生"天旋地转"的感觉。

由此可见，这种现象跟火车运行的速度有关系，同时也跟原野的开阔程度有关系。越开阔，旋转的现象就越明显，反之视线就会被近处的景物所阻挡，形成不了近远之间的视觉差异，所以也不会有旋转的感觉了。

坐地日行八万里

毛泽东有句诗：坐地日行八万里，巡天遥看一千河。意思是我们每天坐着不动的话其实也走了八万里。这说得是我们的相对运动。因为地球每天自转一周，地球的赤道周长四万公里，也就是八万里。而我们每天也相应跟着地球自转一周，也相当于运动了八万里。如果我们选其他的物体作为参照物的话，可能我们的相对运动速度更快。比如考虑到地球所在的太阳系其实是绕着银河系在旋转，那我们每天做的相对运动就更多了。而诗中所说的"巡天遥看一千河"就正是说我们在绕着银河系旋转时能看到银河系中无数的星球。

15. 浸水玻璃真亲密，紧紧贴着难分离！

科学档案馆：

奥秘事物：浸水玻璃

关键词：浸润大气压强

奥秘指数：★★★

如果做这样一个实验，把两块同等大小的光滑玻璃分别浸入水中，过一会儿把它们从水中捞出，然后把它们对齐压在一起，你猜此时你用手去把它们分开，是毫不费力呢还是比较费力呢？告诉你吧，此时它们就好像相生相息了一样，难以分开！为什么会出现这种情形呢？难道是玻璃因为浸水后，获得什么神奇的力量，使得它们可以彼此拉住吗？当然不是，这是由大气压强导致的。

我们都知道玻璃是一种光滑度比较高的物体，一般的物体不太容易附着在玻璃上面，但是浸水后，一些水分子却可以附着在玻璃上，使得玻璃不会立马干燥。如此一来，把两块玻璃压在一起，水分子就会把二者间的空气完全挤出，中间一旦没有了空气，二者间的大气压强就会近乎为零。而此时，玻璃外层的大气压强却是很强，如此一来，由于两块玻璃中间没有了空气就不能抵消外部空气对玻璃的压强。通过物理原理换算，两块仅仅为3平方厘米的玻璃此时压在一起，所受到的大气压力，会相当于3千克物体压在玻璃上产生的压力。显然，如果玻璃面积较大，外层大气对两块玻璃的压力就越大，显然要想分开两块玻璃就很难了。

事实上，人们在生活中利用大气压强的例子很多，常见如挂东西的真空挂钩。但利用大气压强需要物体有比较好的密封性，就是要防止内外气体的流通，这样才能形成内外的气压差。玻璃之所以能在浸润水的时候很难分开，就是因为一些水分子可以附着在玻璃面上，即产生所谓的浸润效应，如此一来就不仅可以挤出两块玻璃间的空气，而且可以增加两块玻璃间的密封性。如果是两块没有浸水的玻璃，把二者相压，中间处的空气仍然存在一部分，就会抵消外侧的大气压，分开就要容易许多！

马都拉不开的半球

1654年德国马德堡市的市长奥托·格里克表演了一个惊人的实验。他把两个铜质的直径三十多厘米的空心半球紧贴在一起，两半球的对口处经过研磨，并且用凡士林密封。然后打开阀门，并用胶皮管把气嘴跟抽气机相连接，将球内气体抽出后，使球体内部形成真空。这样球外的大气压使两半球合在一起。在半球的两侧各装有一个巨大的铜环，环上各用八匹马向两侧拉动，结果用了相当大的力却未拉开。这个著名的实验不仅证明大气压的存在而且证明大气压是很大的。因为这个实验是在马德堡市进行的，所以将这两个半球叫"马德堡半球"，而将这个实验叫"马德堡半球实验"。

16. 空瓶本比满瓶轻，掉下却是更易碎！

科学档案馆：

奥秘事物：灌水玻璃瓶

关键词：合力

奥秘指数：★★★★

我们都知道，玻璃瓶只要一不小心，掉到地上就会落地开花，不仅不能再使用了，而且清理起来也很容易弄伤人。但你知道不知道这样一个奇妙的现象：两个同样大小、同样质地的玻璃瓶，一个装满水，一个是空的，让它们从同样高度掉落，往往是空瓶碎得更厉害，而满瓶则要好些。这跟我们的常识感觉有点不一样，因为凭着直觉，肯定是越重的东西掉地下跟地面产生的撞击力越大呀！装满水的瓶子不是要比空瓶重吗？它受到的撞击力不是要更大吗？摔碎的程度怎么反而会轻些呢？

话是没错，原理解释也没错，因为确实是越重的东西掉在地上所受的撞击力越大。较大的撞击力自然能更容易将玻璃瓶弄碎，而若瓶子受到的较小撞击力则摔碎程度自然要轻些。可是，问题得具体分析。我们都知道在玻璃瓶没有水的情况下，玻璃瓶掉在地上的时候因为对地面造成冲击，而地面会给玻璃瓶一个反作用力。这个冲击力对玻璃瓶是从外向内。如果玻璃承受不住这个冲击力就会破碎。但在灌上水之后情况有所不同。对于有水的瓶子来说，当瓶子在碰撞地面的一瞬间，地面会给瓶子一个向内的冲击力，而同时内部的水在受到这个冲击力的时候会有一个向外的反作用力，而且液体本身也会给玻璃瓶壁施加一个向外的张力。这样，瓶子内部水向外的压力就会抵消一部分玻璃瓶受到的地面向内的冲击力，玻璃瓶受的合力会减小，所以灌满水的玻璃瓶相比空瓶掉在地上的时候不容易破碎。

不过，无论是水产生的向外反作用力还是瓶子内部的张力，通常都要远远小于撞击力，即使前两种力综合起来也很难抵消撞击力，所以使用玻璃杯还是小心为妙，即使灌满了水，掉在地上也很容易破碎！

合力的概念

如果一个力的效果与其他几个力共同作用的效果相同，我们就称这个力为其他几个力的合力。比如我们骑车在斜坡上会自动往下走，是因为作用于车是两个力的合力。一个是垂直于水平面的重力，另一个是斜面对自行车的支持力，这个力的方向是垂直于斜面。这两个力的合力就是平行于斜面的向斜下方运动的力。所以此时，我们不需要蹬车，自行车就会自动下滑。但如果我们是上坡，情况就不同了，重力与斜面支持力的合力方向还是平行于斜面向下，如果你想上坡，就得不断地蹬车，增加一个向上的力，并且这个力必须大于重力与斜面支持力合力的强度，我们才能达到目的地。不然，就很可能自动下滑到原点！

17. 空心麦秆本领大，穗压风吹都不怕！

科学档案馆：

　　奥秘事物：麦秆

　　关键词：空心　抗弯能力

　　奥秘指数：★★★

　　每到收获的季节，如果你去北方农田里看看，金灿灿一片，如同风景画一样。若此时有一阵风吹过，只见麦田此起彼伏，好像是波浪一般。如果只就一根麦秆来看，细细的麦秆上挺着沉甸甸的麦穗，随着风儿轻轻摆动，好像是一副弱不经风的样子。可是就是这样一根小小的麦秆，却可以最大程度地忍受大风蹂躏，轻易不会屈服。如果你用手捏捏麦秆，还会发现只要稍稍用力，麦秆就会被捏扁，因为它们都是空心的。这就更奇怪了，小小的空心麦秆为什么既能承受麦穗的重量同时还能顶住大风的摧残呢？

　　其实，这是有物理原因的，之所以空心的麦秆比实心的更能承受麦穗的重量和风的压力，是因为空心麦秆的抗弯曲能力更强。我们都知道，好多物体都能够抵抗一定程度的弯曲而不会发生断裂，有些抵抗弯曲的能力强些，有些则弱小，如小竹条就要比小木条的抵抗弯曲能力强些。相较于实心麦秆，空心麦秆抵抗弯曲能力要更强些！具体说来，这是因为植物抗弯能力主要是依靠表面的纤维质，中心的部分其实起很小的作用。对于麦子这种植物来说，表面分布的纤维质越多抗弯能力就越强，中心的部分少一些是无所谓的。在这样的一种作用下，麦子就会把纤维全部分布在表面，形成空心结构。如果是实心的话用于表面的纤维必然要减少，抗弯能力也会相应减弱。不仅仅是麦子，很多草本植物都是空心结构的，比如说芦苇、竹子等。这些植物能形成这样的结构是漫长的进化选择的结果。实心的因为容易折断很少生存下来，空心因为更符合自然的选择所以成为了这些植物的茎干结构。

　　人们很早就发现空心抗弯能力要更强，并把这个原理应用于日常生产生活中，如搭施工架子的钢管就是空心的，既增加了抗弯能力，也节省了材料，一举两得！

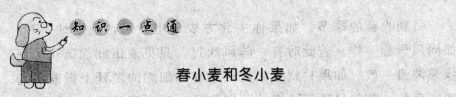

知识一点通

春小麦和冬小麦

　　小麦，相较于其他粮食品种，在世界上无论是种植面积还是产量都是第一位的。这跟它的适应能力强有莫大的关系，无论是平原地带还是高原地区，都可以觅见它的踪影。根据小麦种植时间和收获时间不同，可以把其分为冬小麦和春小麦两个生理型，不同地区种植不同类型。如在中国黑龙江、内蒙古和西北种植春小麦，于春天3～4月播种，7～8月成熟，生育期短，约100天左右；在辽东、华北、新疆南部、陕西、长江流域各省及华南一带栽种冬小麦，秋季8～12月播种，翌年5～7月成熟，生育期长达 300 天左右。可见，它对温度的要求也具有很大的可塑性。它的果实——小麦粒——富含淀粉，平常商场里见到的面粉就是它的杰作。

18. 冷水本比热水凉，成冰速度反漫长！

科学档案馆：

奥秘事物：冷水　热水

关键词：温度　结冰　水流动

奥秘指数：★★★

如果我们把同等大小的一杯冷水和一杯热水同时放进电冰箱，那么你猜会是哪杯水先结冰呢？如果你觉得冷水温度要比热水温度低好多，那显然会是冷水先结冰了。那你就错了，恰恰相反，热水会先结冰而冷水后结冰。在物理学界，这一现象被称为"姆潘巴效应"，这是因为它最先由坦桑尼亚的中学生姆潘巴发现的，故得此名。经过科学家研究，找到了促使这一现象发生的几种作用机制。

首先一个直接的原因，便是蒸发。例如我们都知道一杯开水放在常温状态下，会不断地冒气，这就是开水在不断地蒸发变为水蒸气。当我们把热水放进电冰箱以后，这样一个蒸发过程并不会中止，而是在继续。热水中那些运动活跃的水分子会脱离水表面汽化为水蒸气，并会不断地消耗热水的能量，使热水能更快地冷下来。这样一来，一方面提高了热水冷却的速度，另一方面由于一部分水蒸发为水蒸气逃逸出去导致热水会失去一部分水，所以热水的量会变少。量少加上降温快，结冰自然就要快些了！除了蒸发之外，水的流动也是导致热水比冷水先结冰的一个重要原因。我们都知道，放入冰箱里的水，并不是均匀地结冰，而是会先外边后里边。但是由于热水的里外之水温差会比较大，这个反差会促使里外之水形成对流。也就是热水中水的流动性强，而冷水的里外水温相差就不那么大，形成不了对流，杯中的水流动性就差。这样，冷水会更快地在外层形成一个封闭的冰壳后，这个冰壳不仅阻断了里面的水获得外面的热量，也阻隔了冰壳里的水释放热量，同时冰壳会限制体积增大从而抑制了冰壳内的水结冰，所以大大降低了结冰速度。

由此可见，蒸发和水的流动是导致热水比冷水先结冰的重要原因。

奇特的干冰

相信大多数人都见过由液态水形成的冰块，但见过干冰的人肯定不多。它溶解时不是由固态转化为液态，而是由固态直接升华为气态，因此其融化并不会产生任何水或液体，故称之为"干冰"。其实，干冰就是二氧化碳气体的固态形式，是一种白色分子晶体。在室温下，将二氧化碳气体加压到一定程度时，会导致一部分蒸气冷却，其冷却到一定温度时，就会冻结成雪花状的固态二氧化碳，这些固态二氧化碳可以凝聚在一起，形成俗称的干冰，常见的干冰往往呈块状或丸状。由于干冰的温度非常低，约为－78.5摄氏度，因此经常用于冷冻物体。

19. 冷水热水差异大，落地声响也不同！

科学档案馆：

奥秘事物：水蒸气

关键词：重力　空气阻力

奥秘指数：★★★

　　毫无疑问，我们都知道，冷水和热水肯定不一样。那么，你相信不相信，冷的水滴和热的水滴它们落在地板上的声音也是不同的呢。这可是真的呦，有心的人观察到热水滴落在地板上的声响是比较缓缓的"噗噗"声，听起来低沉舒缓，而冷的水滴就刚好相反，它是急急的"啪啪"声，听起来清脆有力。你要是不信的话，回家试试吧！

　　那这是为何呢？其实道理很简单，只要我们仔细分析水滴下落的过程，答案就一目了然了。无论是热水滴还是冷水滴，它们下落都会受到两个力的作用，一个就是重力，一个就是空气阻力。只要冷水滴和热水滴重量相差无几，它们所受的重力也就差不多，它们都会在下落过程中越来越快！可是，它们下落加快的速度可不一样，这是因为它们所受的空气阻力相差很大。热水的温度较高，所以它的周围会有一层水蒸气包围着，而冷水温度较低就不会产生水蒸气。这样一来，它们从高处下落，热水所受空气阻力就要大一些，下落的速度自然而然要比冷水慢了。也就是说，热水滴所受的空气阻力要大，它下落的时间就要长。另外，热水滴在落到地板上时，先是由热水滴周围的水蒸气碰撞地板，然后才是热水滴自身撞击地板，由于水蒸气的缓冲作用，热水滴撞击地板的时间就要更进一步地延长了。这样一来，热水滴和冷水滴的滴落过程就形成了一个反差，冷水下落快一些，撞击地板时间短一些；撞击力就要大一些，热水滴下落慢一些，撞击地板时间长一些，撞击力就要小一些，因此它们的落地声响也就不一样了。

所以，下次如果有人问你，热水和冷水有什么差别时，你又多了一个答案，那就是它们掉在地板上的声音也是不同的。

知 识 一 点 通

比萨斜塔实验

你觉得一个重物和一个轻物从同一高度上同时下落，哪个会先着地呢？相信很多人根据直觉，都会想当然地说肯定是重的了。事实上，古希腊的大哲学家亚里士多德也是这么认为，提出的"重的物体比轻的物体下落快"这一命题，被人们视为圣言持续将近两千年而无人质疑。但意大利伟大的科学家伽利略却对此产生了怀疑，他断言重量不同的物体从同一高度一起下落，会同时落地。1590年的一天，他和助手登上比萨斜塔，让两个分一百磅和一磅的滚球同时下落，发现轻的和重的几乎同时落地。这就是物理学史著名的"比萨斜塔实验"，用实验方法雄辩地驳倒了亚里士多德的"圣言"，从而开创物理学的一个新时代。

20. 两扇大门没眼睛，人一靠近自动开！

科学档案馆：

　　奥秘事物：自动门

　　关键词：红外线光控

　　奥秘指数：★★★★

　　在大都市里，人们可以发现很多商场、酒店都安装了自动门。只要人一走近，门会自动打开；离开没多远，门又会自动关上，如同长了锐利的眼睛一般！很多人第一次穿过它时必定会心存顾虑，心想会不会刚走到门中央，就会"咔嚓"一声把自己给夹里面呢。不过，自动门很听话，不会欺生的。那我们就要问了，自动门为什么会有如此高强的本领呢？它能够自动开关的工作原理是什么呢？

　　其实，自动门确确实实长有"眼睛"，不过跟我们额头上的眼睛可不一样，它是一种特殊的电子装置——红外线光控开关。那它的工作原理是什么呢？我们都知道，人的眼睛能够看到物体，在于眼睛可以感应到光线。自动门原理也是如此，在自动门的前面和后面都有一条红外光线，连接着一个红外线发射装置和一个接收装置。当我们人体走进自动门时光控开关就会感应到因为物体移动导致的红外线变化，并且将红外线的变化转化为电子信号传达给门的"脑袋"——主控制器。主控制器再控制传动装置，从而实现门的自动开关。不过，由于红外线是一种不可见光，也就说我们的肉眼是看不见的，所以我们看到的自动门周围好像什么东西也没有，其实是装了一只特殊的"眼睛"。需要注意的是在经过自动门的时候速度不能太快，虽然它是自动的，但是一般自动门的设定都是需要一定的时间才能开门，如果走太快的话自动门可能会来不及反应开门，而让人撞上。

也有另外一些自动装置是通过对温度的感应来进行控制，比如说一些洗手间里的自动水龙头。当人的手靠近感温装置时，水龙头会产生与自动门类似的反应程序，从而实现自动出水。同样也会在人离去时自动关水。

看不见的红外线

1800 年，德国科学家霍胥尔发现太阳光中一种新的不可见光，这便是红外线光。他利用一个简单的三棱镜装置，让太阳光照射到此三棱镜上，太阳光就被分解成各种颜色的光线。他在不同颜色的光线处放置不同的温度计，希望测量各种颜色的光的加热效应。结果，他惊奇地发现，位于红光外侧的那支温度计升温最快。于是，他指出红光的外侧必定存在看不见的光线，这就是今天所说的红外线。它由于具有很强的热效应，并易于被物体吸收，通常被作为热源，并因穿透能力强而在通讯、探测、医疗等方面有很广泛的用途，比如常用的红外线光控开关、红外线望远镜、红外线燃具、红外线夜视等。

21. 龙头小小嗓门高，一放水来嗡嗡叫！

科学档案馆：

　　奥秘事物：水龙头

　　关键词：共援

　　奥秘指数：★★★

　　如果你使用过自来水的话，不知你是否有过这样的经历：很多时候，打开水龙头会突然有很大的嗡嗡声，有时还伴有水管的振动。这时候如果把水调大一些或小一些这种响动就可能会消失。那么，只是轻轻地拧开水龙头，并没有敲打水管呀，小小的水龙头为何会发出这么大的响声呢？其实，这是共振导致的。

　　水龙头会发出声音，并不是因为它有嗓门，而是因为它在放水的时候内部的水与空气发生共振。我们知道，物体是可以产生振动的，并且物体的振动频率通常都是固定的，所以当外界振动的频率接近于物体固有频率时，物体就会被强迫振动，这种现象叫共振。水龙头的内部虽然充满了自来水，但是也混有一部分空气。当水龙头放开的时候，水的流动就会产生振动。如果水流振动的频率与空气自身固有频率相同的话就会带动空气产生共振现象。因为水管里的空气是嵌入到金属缝隙内部，所以在空气振动的时候会与金属产生很大的摩擦，从而发出嗡嗡的振动声，还会

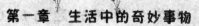

带动水管做一定幅度的振动。这就产生了开头所说的水管"嗡嗡"的现象。

如果把水调大或调小一点，水流的频率就会改变，达不到空气自身的固有频率，也就不会产生共振现象了。不过，还有另外一些情况，便是有的水管无论水流或大或小都会到达或接近空气自身的固有频率而产生振动。此时，要解决这类水管的响动问题，那就不是把水调大调小了，而是要把水龙头拆开，更换里面的"皮圈"，或将其调整一下位置。而最好的办法就是换个水龙头，比如加大出水口，让水不太急而减小水的流速。总之，要尽量降低共振现象的发生，因为这种响动对水管的腐蚀比较厉害，会造成水管的提前老化。

普遍的"共振"现象

共振是非常普遍的现象。比如我们人的喉咙能够发出颤动的音节就是因为声带与空气发生共振。小小的知了能够在树上发出很大声音，也是因为它在摩擦翅膀时与空气发生了共振，所以声音显得很大。蟋蟀等动物的发声也是这个原理。鸟儿的很多婉转叫声也是利用了共振。共振也具有很大的危害性。即使一个小小的东西只要能引发楼房、桥梁等物体的共振就可能最终造成这些建筑物的坍塌！所以一般要禁止在桥梁上做相同节奏的跳跃，因为这样就可能引发桥梁的共振。如果只是杂乱无章的运动的话，它们之间就会相互抵消而不能引发共振。

22. 录的本是自己话，听来却像别人言！

科学档案馆：

奥秘事物：声音

关键词：骨导

奥秘指数：★★★

  如果你给自己录过音的话，那你肯定产生过这样一个体验：录音机播放出来的声音，好像跟自己的声音不太一样！好多人就会怀疑肯定是录音机坏了，录出来的效果不好，那自然听起来就不像自己的声音了！可是，如果你把这些录音播放给别人听，别人却会告诉你这就是你的声音呀，你平常说话就是这样呀！为什么同样的一个录音，在自己听来和别人听来是完全不同的效果呢？其实，这中间是有物理原因存在的。

  我们都知道，声音传播需要依靠一些中介，如果没有中介存在，就如同在真空中，声音就无法传播，也就无法被人听见了。平常我们可以听到别人说话声，就是因为声音在空气中传播的结果。发声源，因为振动就会传出声波，声波依靠空气到达人的外耳，再进入中耳，最后进入内耳，我们就可以听到声音了。可是，如果是我们自己说话，就不是上述过程了，此时说话声可以绕过外耳、中耳，借助于人的头盖骨直接传到内耳上。这种声音传播方式，叫做"骨导"。例如有人做过一个特别有意思的实验，证明了人体骨头是可以传声的：先把双耳严严地捂住，这样就不能听到外界的声音，然后把一块手表放在牙齿上，按道理手表发出的"滴答"声不能通过空气传导进入耳朵，但是此时它却可以通过牙床等骨头传入内耳，所以还是可以清清楚楚地"听"到声音。录音机里录下的声音，是我们说话时通过空气传出的声音，而自己平常听到的自己说话声，却是通过头盖骨传入内耳，空气与头盖骨是不同介质，所以两种声音听起来就有差别了，好像就不是自己讲的一样。之所以别人却不会有这样的感觉，是因为他听到我们的声音也都是通过空气传播的，自然听起来差异就不那么明显了。

知 识 一 点 通

口哨声是如何发出的

很多人，都喜欢吹口哨，当具有旋律的口哨声脱口而出时，不仅十分好听，而且也显得吹者酷劲十足！那么人为什么可以吹出口哨声呢？或者说吹出口哨声的原理是什么呢？我们都知道，从口腔中吹出的空气，当气流快要冲出口腔时，会在嘴唇边缘处产生气流涡漩，于是在嘴唇的反作用力的推动下，就产生了我们听见的声音。但是有些声音会回到气流的发源处，引起气流的不稳定，从而产生更多的顺着气流的涡漩。这些涡漩到达唇边时，将产生出更多的声音。如果我们把口型故意扭曲改变，通常吹口哨时是把嘴唇嘟起来，于是便会产生更为丰富多彩的声音了。

23. 没电挂钟不会走，细瞧秒针总在"9"!

科学档案馆：

奥秘事物：挂钟

关键词：力矩

奥秘指数：★★★★

　　如果你家挂钟没电不动了，那么挂钟的秒针通常停留在钟面"9"的附近。这是为什么呢？"9"这个位置有什么独特之处吗？有的，独特之处在于它跟挂钟中心点的连线是平行于水平地面的。

　　一个力产生的效果，并不仅仅看这个力的大小，还得看力的作用距离，它们二者的乘积决定了力的效果。它们的乘积又叫做力矩，力矩越大，力的作用效果越明显；力矩越小则效果越微弱。我们都知道，地球上任何物体都会受到重力的作用，挂钟上的秒针也不例外。不过，重力对秒针的作用效果，还得看它的作用距离。秒针对重力的作用距离，是从转动轴这一点到力的作用线的垂直线段的长度。当指针在6或12的时候指针垂直地面，经过了转动轴，所以重力的作用距离为0，而在3或9的时候重力的作用距离为转动轴中心点到指针中心点的距离，也就是指针长度的一半，这时候重力的作用距离达到最大，力矩也达到最大。所以当指针指向"9"的时候，重力对秒针的作用效果最明显，相应的指针要克服重力往上走所需的能量也最大，挂钟电力比较微弱的时候往往就在 9 这个位置，克服不了重力的力矩就停在这里。

　　大家可能会问，照这样的计算方法在 3 这个位置重力的力矩也最大，为什么不停在 3 呢？确实在 3 的时候重力的力矩也最大，但这时候重力的作用方面是顺时针往下的，恰恰跟指针的运动方向一致，所以这时候重力不是阻碍反而是促进了指针的运动，也就是说，在 3 这个位置时针走动所需要的能量最少。大家也可能会问为什么时针和分针没有这个现象呢？那是因为时针和分针走得太慢，转一圈花的时间很长，可能根本到不了 9 就完全没电而停止了。

杠杆原理

　　古希腊科学家阿基米德有这样一句流传千古的名言："假如给我一个支点，我就能把地球撬动！"它可不是痴人说梦夸下的海口，而是有着严格的科学根据的。这个根据就是杠杆原理，即"二重物平衡时，它们离支点的距离与重量成反比"。用通俗一点的话说，就是在一个杠杆两端放两个重物，一重一轻。如果想在这个杠杆上找到一点，使得抬起杠杆时保持平衡，那肯定得在较重物体一段来寻找，这是因为两个物体所受重力的效果，等于它们各自重力乘以物体距支点的长度。所以，虽然地球很重，但只要杠杆足够长，并找到一个合适的支点，撬动地球不是不可能的。

24. 排水管道真奇妙，弯弯曲曲为哪般？

科学档案馆：

奥秘事物：U 型水管

关键词：自臭气阻隔

奥秘指数：★★★

当你进入洗手间时，不知有没有注意过洗手池的排水管往往并不是一根直管直通下水道。水管通常都是先拐个弯往上，变成正 U 型后再拐个弯接上直管子连通到下水道。这是为什么呢？为什么不用根直管子直通下水道呢，这样不是更节省材料吗？话是没错，笔直排水管是要比 U 型水管节省材料，安装起来也要方便些，可是问题绝没有我们想象中的简单，具体问题还是得具体分析。

虽然笔直的水管要比弯弯的水管省材料，但它有可能产生一个严重的问题，便是下水道里的臭气可以畅通无阻地直接冲上来，如果你呆在一个装着直排水管的洗手间里，"享受"到刺鼻气味的机会就要大大增多。而弯的 U 型水管，就可以有效地解决这个问题。U 型水管的两边均有一截水管要比出水口低，所以每次冲水后，U 型水管总是会有一定量的水因水位低而不能流出，也就是说水管里总是会有一些水存在。如此一来，这些水层就可以形成

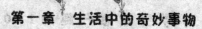

一个隔层，水道中的臭气就没那么容易进到房间里了。这样设计还有另外一个好处，那就是更有利于水管的排污。很多时候，由于大家的不小心，很多杂物容易掉进排水管中，严重的话会把排水管给堵死。如果是直的排水管，发生这种不幸的状况，就只好把管道给锯开掏出杂物了。如果是弯的管道，只要我们把排水管的弯处设置成可以活动的或者是在它的下方设置一个可以卸载的盖子，那遇到有堵塞的情况，只要移动这节管道或者卸下盖子就可以了。由此可见，直的水管两大不能克服的缺点，恰恰被 U 型水管给解决了，人们当然会选择使用弯水管了。

所以，下次你家装排水管的时候，可要强烈建议使用弯水管呀！

水管冬天为什么容易爆

一些裸露在户外的水管，到了冬天经常会发生自动爆裂的现象，这是何故呢？这是水管里水"冷胀"的缘故导致的。我们经常可以听到"热胀冷缩"的情形，但其实还有一种相反的情形，便是"热缩冷胀"。温度 4℃ 以下的水就具有这种非同寻常的特性。水在 4℃ 时的密度最大，体积最小。温度逐渐下降时，它的体积反而在逐渐增大，当水结成 0℃ 的冰时，它的体积不是缩小而是胀大，大约比原来要增大 1/10。所以，到了冬天，由于户外温度较低，导致水管里的水也会冷却结冰，水管里的水结成冰后，由于"冷胀"缘故自然体积就增大，很容易顶破水管一些薄弱地方，出现开头说的水管自动破裂现象。

25. 汽车发动有学问，驱动后轮推前轮！

科学档案馆：

  奥秘事物：汽车发动机

  关键词：重心

  奥秘指数：★★★

  现在公路上行驶的轿车越来越多了，人们坐汽车的机会也越来越多了。如果你仔细观察或对小汽车的构造有一些了解的话，就会发现很多小汽车的发动机是装在前轮的，但它却是通过传动装置用后轮驱动的，也就是说小汽车虽然有四个轮子，但真正运动的是后面两个轮子，行驶时也是后面两个轮子推动前面两个轮子运动。那么，对于这些汽车来说，为什么发动机在前面不直接用前轮驱动而要用后轮呢？这种结构有什么优势？

  用前轮做驱动的车其实也有，这种结构的好处一是可以省去长长的传动轴，可以避免传动轴的磨损和故障带来的很多问题；另一方面，用前轮做驱动就要把汽车的重心放在前面，这可以让汽车的重心降低，行驶时更加平稳。尽管有这些好处，大部分汽车还是用后轮做驱动，这主要是为了提高汽车的牵引力。汽车的最大牵引力取决于汽车跟地面的附着力，而附着力又是跟汽车的重力有关系。也就是说，汽车本身的重力和它承载的物体的重力越大则跟地面的附着力越大，因为此时对地面的压力更大。在附着力很大的情况下汽车向前的牵引力也更大，因为如果附着力小的话汽车就容易在地面打滑，从而很难有很大的动力。特别是在上坡时这个情况就更明显了。而对于一般的汽车来讲，后轮都承载了大部分约四分之三的重力，所以用后轮驱动的话能产生更大的牵引力。

那么，为什么一般情况下汽车后轮承载的重量更大呢？这有几个方面的原因。一个是汽车在启动时车上的物体因为惯性会相对汽车向后运动，让后轮的承载量更大。特别是在爬坡时货物会往后倾斜，把绝大部分重量都施加给后轮。另外，如果前轮载重太大的话汽车也不好行驶，因为前轮负责转弯，载重太大的话则转弯会不便于驾驶。

重心的学问

一个物体的各部分都要受到重力的作用。从效果上看，我们可以认为各部分受到的重力作用集中于一点，这一点叫做物体的重心。如何寻找物体的重心呢？对于质量均匀分布的物体，重心的位置只跟物体的形状有关，一般就在物体的几何中心。例如，均匀细直棒的中心在棒的中点，均匀球体的重心在球心，均匀圆柱的重心在轴线的中点。对于不规则物体的重心，可以用悬挂法来确定。具体方法是选物体任意一点系上细绳悬挂让物体自然垂落，顺着悬挂线的方向做一条直线，再选另一点用同样方法画出一条直线，这两条直线的交点就是物体的重心。另外，有些物体的重心不在物体上。

26. 气球吱地放掉气，歪歪斜斜跑开了！

科学档案馆：

奥秘事物：气球

关键词：气流

奥秘指数：★★★

　　大家肯定都玩过气球，也都知道把气球突然放气，它就会忽地飞走。可是，不知你观察过没有，气球放气飞走时，并不是沿着直线运动，而是歪歪斜斜地乱飞。可是感觉中，气球会像火箭一样直直地冲往一个方向而不应该是歪歪斜斜地乱飞。那么又是什么原因导致气球做这样的运动呢？

　　导致气球放气后歪歪斜斜地飞走，原因主要有两个：一是来源于气球本身的不规则形状。虽然气球平时看来，各处光滑平坦，可事实上它的厚度并不可能完全均匀，一些地方厚一些而一些地方相对就要薄一些。如此一来，气球充气后各处受到的张力也就不同，所以在收缩的时候也会因为各处受力不均匀而产生摆动。二是跟气球的放气口有关。我们都知道气球是橡胶做成的，它通常是软的，没有哪个气球会是硬邦邦的，那它的放气口自然也不例外，也会是软的。它在放掉气的时候会不停地抖动，造成气流喷射方向不停地改变，在气流喷射力的反作用下气球在飞走的时

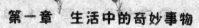

候就会是歪歪斜斜的。所以经常会看到气球在放开或者戳一个小洞后会嗞嗞地乱窜，这就是因为它形状不断变化，让它运动的气流的方向和大小也变化不定的缘故。

其实即使是火箭在发射后也不会是直直地往上冲。因为要实现笔直飞行的话就要保证运动的牵引力同地球的引力在一个方向，也就是说要使得火箭的飞行方向恰好垂直于地面。如果有所偏离的话地球的引力同火箭的牵引力的合力就会使得火箭做曲线运动，比如说我们扔出一个东西它就会沿着曲线下落。当然，这种曲线运动是有规则可寻的。而像气球的这种曲线运动因为它的形状和动力随时都在变化，所以可以说是杂乱无章的运动，不能通过简单的数学物理公式描述出来。

知识一点通

"会飞"的热气球

两百多年前，法国一对兄弟看到碎纸屑会不停地在燃烧的火炉上面盘旋上升，受此启发，就开始试验往纸做成的袋子里冲热气，检验纸袋子会不会因为冲了热气而上升，于是便发明了热气球。通常，一个完整的热气球，由三部分组成，即气囊、吊篮和加热装置。热气球填充的气体，通常是空气，如果它不加热的话，跟外界的空气一般重就很难载重飞起来。不过，人们可以通过加热装置对空气加热，使之变轻获得升力，从而托起气球并让它飞起来。你可别小瞧这个热气球，有人驾驶热气球飞越过宽宽的太平洋，并且还创造过飞行高度达34668米的纪录。

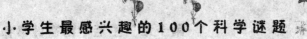
27. 轻轻贴上一层膜，冬天不冷夏不热！

科学档案馆：

奥秘事物：窗户膜

关键词：隔热

奥秘指数：★★★

　　仔细观察，我们会发现一些房间的窗户和汽车窗上会贴有一层膜，它们大部分是茶色的。你可别以为它们只是装饰作用而已，其实它还能很好地起到隔热的效果，让人感觉到冬天不冷，夏天不热。

　　这种膜为什么能隔热呢？这跟制作它的成分有关。它是用涤纶膜为基本材料的一种多功能膜：首先，窗户膜由于具有颜色或镀上了金属，就能把大部分可见光及部分红外线滤掉。如此一来，一定程度上防止物品褪色。我们都知道，阳光中的可见光，特别是紫外线光能使房间中的地毯、壁画、书籍等物品褪色；窗户膜能把大部分可见光和紫外线滤去，使得房间里的物品受到紫外线光照射的强度大大降低，从而就推迟了褪色过程。同时，贴上窗户膜，还可以消除刺眼的炫光，使室内光线柔和，让人感到舒适恬静。由于窗户膜还可以透过部分可见光，因此从室内、车内可以看到外面，而外面则看不清室内、车内的摆设和人的活动。

此外，涤纶薄膜具有良好的隔热作用，阻挡了阳光带来的大部分热量进入房间。大大改善了窗户玻璃的隔热效果，夏天，室外高温空气热量难以进入室内；冬天，室内暖和空气的热量难于流散到室外。更为重要的是，这种膜还能起到防护的作用。由于窗户膜是用一种特殊的胶紧密地贴到玻璃上去的，当玻璃局部受到强大震动或撞击时，它可以迅速使局部受力传开，达到力量均衡，防止被破坏。万一玻璃破碎了，玻璃也不会飞溅伤人伤物，这对于台风经过的地区、地震发生及炸弹爆炸的地方特别有用。同样的道理，倘若汽车发生车祸，使用窗户膜则可以防止碎玻璃伤人。

可见，一层薄薄的膜，好处还真是多，不愧为多功能膜！

玻璃的历史

从首次制成玻璃到发展成为当今的玻璃世界已经经历了很长的时间，这期间玻璃发生了很大的变化。玻璃的具体诞生时间已经很难考证了，但可以肯定的是在古埃及玻璃已为人们所熟悉。大约在公元前1600年，埃及已经兴起了正规的玻璃手工业。然而，由于熔炼工艺不成熟，玻璃还不透明。直到公元前1300年，玻璃才能做得略透光线。后来，罗马人和腓尼基人掌握了一整套玻璃制造方法，他们还学会了研磨、钻孔和雕刻。公元10世纪时，叙利亚的玻璃制品享誉欧亚。到了12世纪，阿拉伯人的玻璃艺术器经由巴勒莫和威尼斯传到了欧洲，成为了欧洲人的重要生活用品。之后又为实验科学的产生作出了重要贡献。

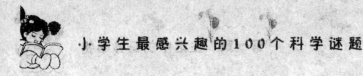

28. 热水瓶塞真调皮，时而难拔时而跳！

科学档案馆：

奥秘事物：瓶塞

关键词：温度　气压

奥秘指数：★★★

　　热水瓶具有很好的保温效果，给我们的生活带来了很大的便利。但热水瓶的瓶塞却是有些调皮，有时候刚灌上热水盖上瓶塞，它就会自己弹起来，一而再，再而三，反复好几次；过了一会再去揭瓶塞，却可能会发现居然怎么拔瓶塞也拔不出来的现象。一个小小的瓶塞时而难拔出时而自动跳起来，这到底是什么缘故呢？

　　其实，我们不能责怪瓶塞，因为这完全不是它的错，它也是"身不由己"。我们知道物体一般都有热胀冷缩的性质，而气体的热胀冷缩现象更明显，因为气体的密度受温度影响很大。当气温升高时，气体内的分子比较活跃，相互之间的作用力强，分子间的距离比较大，相应的同等质量的气体体积就会变大，密度变小。这部分气体对外界的气压就会增大。如果变冷的话，相反气体对外界的压力就会减小。我们把热水瓶灌上水之后，如果不是完全灌满的话热水瓶内就会留有一部分空气。因为热水温度高所以这部分空气就会受热膨胀。这时候盖上盖子瓶内受热膨胀的空气就会对盖子有很大的气体压力，如果气压超过了瓶塞与瓶口的摩擦力以及瓶塞的重力气压就会把瓶盖"弹起来"。而把热水瓶放一段时间后由于热水散发一部分热量，瓶内的温度会降低，会造成瓶内空气体积减小。如果瓶塞密封比较好的话，这时候外面的空气就会比瓶内的空气对瓶塞的气压更大，从而外面的空气把瓶塞压住，瓶塞很难拔起来。可见其实并不是瓶塞调皮，真正的缘由是温度与气压。

不过由于一般的瓶塞密封性能都不是太好，所以这种现象不太经常发生。因为在密封不好的情况下热水瓶内外的空气都是相通的，也就形不成内外的气压差了。

不可小瞧的气压

我们都知道，地球上空被一层厚厚的大气所包围。这些大气不仅可以像水那样自由地流动，同时也是有重量的，所以自然也就受到地球引力的作用，产生重力。气压，就是空气流动对物体表面产生的压力，其产生的根本原因在于气体分子相互之间的"碰撞"。由于空气无处不在，所以气压也就无处不在。不过，各处的气压，并不相同。它的大小会随着海拔高度、大气温度、大气密度等等的变化而变化。就拿海拔高度来说，越高的地方，气压就越低，反之则越高。别看平时我们好像感觉不到气压，其实它的本领大着呢，像上面把瓶盖压得拔不出来，就是一个典型的例子。

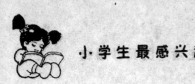

29. 天上白雪纷纷下，地上撒盐快融化！

科学档案馆：

奥秘事物：下雪撒盐

关键词：熔点

奥秘指数：★★★

　　北方的冬天常常是大雪纷飞，路面上会积下厚厚一层雪，严重影响行人和车辆的交通运行。这个时候如果让雪自然融化的话会花上很长很长的时间，若动员人们去扫雪又会花费太多的人力。有一种做法是在路上撒盐，撒盐之后雪就会融化得比较快，从而便利交通。那么，为什么把盐撒进雪里，雪就融化得比较快呢？

　　雪里撒盐，是为了降低雪的熔点。通常情况下，混合物的熔点要比其中某种纯净物的熔点低，这是因为混合溶液中的离子会破坏液体结晶网状结构。比如盐水中盐的构成成分是氯化钠，当盐溶于水时就会产生氯离子和钠离子，而氯离子和钠离子的存在会破坏水的结晶网状结构，也就是说会干扰水的凝结，从而起到降低熔点的作用。往雪上撒盐，也是同样的道理，这样做可以降低雪融化的温度。一般来讲，撒了盐的雪凝固温度能降低十几二十几度，这种情况下，雪要凝固就需要零下几度乃至十几度的低温，所以混有盐的雪比纯净的雪更容易融化。以前在下雪的时候也有撒煤渣的，这也能起到融化雪的效果，但煤渣容易造成环境的污染。用盐比较干净，对环境不会有什么影响。另外，用作融雪剂的盐也不同于一般的食盐。一般的食盐构成成分主要是氯化钠，而融雪剂的盐多是氯化钙。这是因为氯化钙可以从很多工业废品中获得，价格比较便宜，对环境也不会有什么坏的影响。

可见，往雪里撒盐，既提高雪的融化速度，也不会造成环境污染，一举两得。所以，下次你家门口要是积了厚厚的雪层，除了自己费力地扫雪外，不妨也往雪里撒些盐，一定会大大地提高雪融化的速度！

雪的保温作用

很多人都听过，"冬天麦盖三层雪，来年枕着馒头睡"，意思是说只要头年冬天下一场大雪，那来年必定是个丰收年。这是因为如果下一场大雪，它能把越冬的麦苗盖住，从而保持温度和水分，来年麦子的收成就会好。雪能保持麦苗的水分，这很好理解，因为它自己化了以后就是水，可是雪能保持温度就不怎么好理解了。其实，这还是跟它的特性有关。覆盖在大地上的积雪，其实是蓬松的，雪花之间具有很多的小孔，于是就会有大量的空气钻进积雪里。空气的传热性不好，自然也就保护了地面温度不会降得很低。

30. 铁路双轨有奥妙，拐角总是外侧高！

科学档案馆：

　　奥秘事物：铁轨

　　关键词：向心力

　　奥秘指数：★★★

　　通常看到的铁轨两侧平行前进，它们大小相近，距离地面的高度也相同，这样才能使火车平稳、安全地行驶在铁轨上。可是，铁轨并不是所有的地方都如此，在其拐弯处两侧的铁轨就不会一般高了，而是通常设计成外侧高，内侧低。这是为什么呢，或者说如此设计有什么益处吗？

　　火车在转弯的时候运动路线是弧线的，可以看成也是在做圆周运动，而物体在做圆周运动的时候总有个指向圆心的向心力，所以此时火车也会有个指向圆心的向心力。我们知道，火车的车轮中间有个凹槽夹住铁轨。如果在转弯时内侧的铁轨和外侧一样高的话，车轮会在夹住外侧铁轨的同时因有向心力的作用，对外侧的铁轨造成挤压。因为火车质量很大，这种挤压力也相当大，很快就会造成外侧铁轨弯曲变形。如果将外侧的铁轨升高一定距离后情况就不一样了。此时火车的重力虽然还是垂直水平面向下，但铁轨对火车的支持力却是垂直于铁轨表面，而跟火车重力不在一个方向。此时这两种力的合力是指向圆心的，由这个力作为向心力的话就不需要火车挤压外侧铁轨产生向心力了，所以就不会对外轨造成损害。另外，如果转弯处内外侧铁轨高度一样的话，火车的车轮也可能因为在转弯时外侧车轮升高造成车轮夹不住外侧铁轨，就有可能造成脱轨的严重后果。

但转弯时外侧的铁轨比内侧高多少不是一定的，而是要根据转弯时形成的圆的半径和火车的运行速度来进行计算决定。总之就是要保证铁轨对火车支持力与火车重力的合力恰好指向圆心，以这个力作为向心力从而避免车轮对外侧铁轨的挤压；同时通过把外侧铁轨架高，保证车轮能够稳稳地夹住铁轨，而避免脱轨悲剧的发生。

铁轨宽度的历史渊源

世界上标准的铁轨宽度是 1.435 米，也就是四英尺又八点五英寸。而这个宽度居然在两千多年前就确定了。火车是英国人发明的，最早在英国使用。早期的铁路是由造电车的人设计的，而电车的标准是四英尺又八点五英寸。电车又是由造马车的人设计的，而马车的车轮又是由英国老路的宽度决定的。而整个欧洲的老路又是由罗马的军队为过战车铺设的，战车的车轮又是由牵引战车的两匹马的屁股的宽度决定的，这个宽度大约就是 1.435 米。这就是现代铁路两条铁轨之间的标准宽度的来由，可见它的历史渊源有多长呀！

31. 同是一个热水瓶，未灌满时更保温！

科学档案馆：
奥秘事物：热水瓶
关键词：导热性
奥秘指数：★★★

因为热水瓶具有保温的效果，所以人们通常用它盛热的东西尤其是热开水。这样一来，即使过了一段时间，从热水瓶里倒出的水依然是热的。热水瓶之所以能够保温，是因为它有两层，并且这两层之间是真空的，能起到很好的隔热作用。那大家知不知道我们应该怎样使用才能获得更好的保温效果呢？比如我们在用热水瓶盛水的时候是应该灌满水还是应该不灌满呢，此两种方法哪个保温效果更好呢？告诉你吧，未灌满时具有更好的保温效果。

这是为什么呢？不是水少的时候比水多的时候凉得更快吗？确实没错，这是生活中常见的现象，因为水少的时候其本身所含的热量就少，散发这些热量所需时间就要短些，那自然就要比水多的凉得更快。可在热水瓶的使用方法上，恰恰是留一点空隙比灌满水效果更好，这主要是因为不同物体导热性有差异的缘故，也就说不同的媒介在传递热量的能力上有差异。导热性的差异在我们日常生活中是经常能感觉到的。金属的导热性最好，比如一根铁棒一头加热的话，另一头马上就能感觉到烫，所以我们会用金属，如铁、铝等来做锅或热水壶等加热用具。而塑料、橡胶制品的导热性就比较差，所以用来做锅的把手，免得摸着时烫手。我们知道，在没灌满水的时候水和瓶塞之间是空气，在灌满水的时候这部分空间就被水所取代。而水和空气的导热性是不同的，水的导热性要比空气好，换句话说就是水比空气更容易传热。比如一锅沸腾的水，我们在水面上不会感觉特别烫，但把手伸到水里就会被烫着，这也是因为空气导热性差，不能把沸腾水的热量传递到空中。

物质的物理属性

物质不需要经过化学变化就能表现出来的性质叫作物理属性。物质的有些性质如：颜色、气味、味道，是否易升华、挥发等，都可以利用人们的眼、耳、鼻、舌、身等感官感知，还有些性质如熔点、沸点、硬度、导电性、导热性、延展性等，可以利用仪器进行观测。还有些性质，通过实验室获得数据进行计算可以知道，如溶解性、密度等。而在实验前后物质都没有发生改变。这些性质都属于物理性质。与此相对的化学性质则是在改变物质分子结构时表现出来的特性。比如天然气燃烧会放出光和热，然后产生的是水和二氧化碳，就不再是天然气了，它本身的分子结构已经改变，成为了另外一种物质。

32. 透明蜂蜜买回家，不久生出"白娃娃"！

科学档案馆：

　　奥秘事物：蜂蜜

　　关键词：结晶

　　奥秘指数：★★★

　　蜂蜜是受大家喜爱的一种食品。新鲜的蜂蜜是透明液体状的，但是把蜂蜜储藏一段时间后就会出现一些白色的沉淀，活像一个个"白娃娃"。这时候大家可能会怀疑是不是蜂蜜变质了而不能食用，或者认为蜂蜜中掺入了白糖。其实蜂蜜中出现的白色的沉淀是蜂蜜结晶的现象。新鲜的蜂蜜一般都会随着时间的延长及气温的变化从液态变为结晶状态，颜色也会由深变浅。

　　蜂蜜是含有多种营养成分的葡萄糖、果糖溶液。由于葡萄糖具有容易结晶的特性因此分离出来的蜂蜜在较低的温度下放置一段时间葡萄糖就会逐渐结晶。其结晶的速度与其含有的葡萄糖结晶核、温度、水分、蜜源等有关。结晶核是一种微小的颗粒，在一定条件下蜂蜜中的葡萄糖就围绕这些细小的晶核长大结晶。蜂蜜内含有结晶核越多，结晶的速度就越快。蜂蜜结晶速度的快慢也受到温度的影响，蜂蜜在13～4℃时最容易结晶。若低于此温度由于蜂蜜的粘稠度提高致使蜂蜜结晶迟缓；若高于此温度由于提高了糖的溶解度从而减少了溶液的过饱和程度也使结晶变慢。因此在保存蜂蜜的过程中就要控制好温度以延缓蜂蜜结晶。另外，蜂蜜的结晶还与蜂蜜的种类、含水量有关。如紫云英蜜、刺槐蜜、枣花蜜则不易结晶；而油菜花蜜、野坝子蜜、棉花蜜、向日葵蜜就易于结晶。全部结晶的蜂蜜一般含水量较低，宜长期保存不易变质。

总之蜂蜜结晶是蜂蜜的一种正常物理现象，其化学成分、营养价值都未发生变化，更不会影响蜂蜜的质量，反而恰恰是易于结晶的蜂蜜才是纯正的蜂蜜。所以，即使是家里的蜂蜜长有"白娃娃"，你也别以为它坏了，它其实还是好好的，可以放心食用。此外，如果将柠檬片放入蜂蜜容器中就能让这种白色结晶溶解。

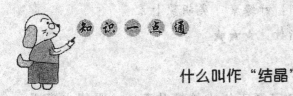

什么叫作"结晶"

所谓结晶就是物质从液态（溶液或溶融状态）或气态形成晶体，比较常见的就是在溶液中形成晶体。溶液中结晶就是使物质脱离溶液变成固态。溶液结晶一般有两种方法：一种是加热使液体蒸发，通过减少液体的办法让晶体析出，例如海上的晒盐就是让海水蒸发而留下水中的盐；另外一种是冷却热饱和溶液法。一定体积的液体都只能容纳一定量的物质溶入其中，其所能溶入最大量的物质的状态就叫作饱和。液体的饱和度是跟温度有关系的，一般的液体温度越高能溶入的可溶物质量越大，温度越低则越少。如果把热的溶液冷却的话，由于饱和度降低溶液变成过饱和状态，一部分可溶物质就会析出溶液形成晶体。

33. 夏日叶子绿油油，一入秋天渐变黄！

科学档案馆：

奥秘事物：树叶

关键词：叶绿素　类胡萝卜素

奥秘指数：★★★

相信你肯定看到过，到了夏天树木枝繁叶茂，一眼望去满眼葱绿，而到了秋天，树叶就会开始慢慢变黄变红，甚至出现"霜叶红于二月花"的景象。那树叶为什么会随着季节的转变而变化呢？

这得从树叶呈现颜色的原因说起。我们都知道除了极个别树木，多数树木的叶子颜色都是绿色，之所以会如此，跟树叶的构成有关。植物的叶子中通常有各种色素，但最主要的是两种，即绿色的叶绿素和黄色的类胡萝卜素，其他色素除了在极个别植物身上大量存有外，多数植物的含量很少。而且，一般情况下，植物体内的叶绿素要比类胡萝卜素含量高出许多，换句话说，绿色的叶绿素要比黄色的类胡萝卜素更有优势，绿色就会覆盖黄色，从而使得叶子呈现出绿色来。

而到了秋天，由于环境气候的变化，加上叶子本身由于营养不良加速衰老，同时叶绿素本身非常怕冷，这样一来叶子体内所含的叶绿素就会开始逐步分解减少。而此时，叶子体内的类胡萝卜素却不怎么改变，结果绿色叶绿素和黄色类胡萝卜素含量就会逐渐扯平，直至后者超过前者，叶子也就变成黄色的。而有些树木尤其是枫树，之所以会变红，也是情有可原的。据科学家研究发现，这是因为随着温度降低，植物体内会积累较多能量如可溶性糖来抵抗寒冷，它们有利于红色色素的形成，同样是一个增多，一个变少，叶子也就变红了。不过，多数树木在颜色转变后不久，就会开始大量掉树叶，这是因为到了秋天由于白昼越来越短而黑夜越来越长，导致树木能够吸收到的阳光也就越来越少，树叶就会分解出较多的名为乙烯和脱落酸的物质，它们会促进叶子的脱落。

香山红叶

香山是首都北京重要的景点之一，以"霜叶红于二月花"的香山红叶景观闻名于世！不过，香山红叶并不像通常想的那样是枫叶，而是黄栌树叶。这种树属于漆科树，是一种落叶灌木，叶呈卵形或倒卵形，木质中含大量黄色素，故此得名。相传古时皇帝的龙袍，就是用这种树提炼出来的色素染成的。清代乾隆年间，就开始在香山地区栽种此种黄栌树，经过近两百多年的发展壮大，而今香山地区拥有近10万株。每到秋天，这些黄栌树叶就会开始变黄变红，远远望去就好似一片沸腾的火海，把天空都衬得红红的。所以，如果你想欣赏到如此美景，最好是选择每年的10月中旬至11月上旬，此段时间黄栌树叶红得最艳。

34. 小小吊扇真奇妙，转速越大力越小！

科学档案馆：

　　奥秘事物：吊扇

　　关键词：拉力

　　奥秘指数：★★★

　　电风扇，一般可以分为落地扇和吊扇两种，顾名思义，落地扇就是放在地上的，吊扇就是吊在空中的。吊扇由于安装在屋顶上，可以节省地面上的空间，不过它使用起来需要格外注意安全，因为它要是掉下来，后果就不堪设想。那我们在安装吊扇时，就一定要确保装稳装牢，只要静止不转动时不会掉下，那转动后更不会掉下。

　　这是吊扇的一个小秘密，它转动起来的时候，形成的拉力要比静止时小；转动速度快的时候要比转动速度小的时候，拉力要小些。也就是说，吊扇在转动时更不容易落下来，一般掉下来的吊扇都是发生在没有转动的时候。所以只要能确保吊扇在静止时的安全，那它转得再快也不用担心它会掉下来。

　　为什么吊扇在转动时更不容易落下来呢？这要从吊扇所受的拉力讲起。吊扇在静止时，吊扇受到因为自身的重力会对连接处或吊绳有拉力。要确保吊扇不掉下来就要保证拉力不小于吊扇自

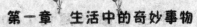

身的重力。那么吊扇在转动时会对拉力有什么影响呢？我们知道吊扇的工作原理就是往下扇风，使我们感觉到凉快。所以吊扇转动时会有大量的空气往下流动。而空气在向下流动时就会对吊扇有个向上的反作用力，这就相当于人在推墙的时候墙会对人有个反方向的同样大小的作用力。如此的话吊扇就受到一个向上的作用力，这个向上的作用力就会抵消一部分重力的效果，也就是说让连接点或吊绳少承受一些重力，所以吊扇在转动时就更不容易掉下来。

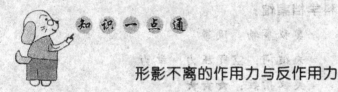

形影不离的作用力与反作用力

在一个物体对另一个物体施加一定大小的力的同时，这个物体也会受到另外一个物体施加的同样大小的反作用力。只要有作用力的存在，就必定有反作用力存在，它们大小相等，但方向相反，力的作用方向在同一条直线上，可以说是一对"孪生兄弟"。比如说人能够走路就是利用了反作用力的原理。当人的脚对地面施加一个向后的作用力的时候，地面就会反过来对人有一个向前的反作用力，如此人才能够走动。再比如，在你游泳时，手臂不断地把水向后拨，人体就会受到水向前的推力，使人体向前行进。作用力与反作用力的原理就是著名的牛顿第三定律，它是物理学最基本的原理之一。

35. 小小风筝一根线，随风腾起上蓝天！

科学档案馆：

　　奥秘事物：风筝

　　关键词：空气压力　举力

　　奥秘指数：★★★

　　春天来了，春回大地，万物复苏，又到了放风筝的季节。带着自己心爱的风筝，约上几个同伴去公园或者野外一起放风筝，沐浴着和煦阳光和徐徐春风，享受着同伴们的追逐嬉闹，绝对是美事一件。可是，有时风筝很容易就飞起来了，而有时怎么弄它总是往下栽，这是为什么呢？或者换句话，风筝为什么能够飞起来呢？我们可以从风筝的各组成部分分别来说明。

　　风筝大体上可以分为三个部分，即主身、系线以及尾巴，它们对于风筝的成功上天与飞行都至关重要。风筝主体部分，其主要作用是迫使空气分开，使得上部的空气压力比下部压力小，使风筝得到一个升力。具体来说，当我们迎着风儿放风筝的时候，风吹在风筝上，就会对风筝产生一个压力，而且这个压力垂直于风筝的面。因为风筝的面是斜向下，所以迎面吹来的风对它的压力是斜向上的。所以这种斜向上的压力，形成了一个举力或称升力，推动着风筝飞上蓝天。风筝的系线，可以用来调整风筝相对于风向的角度，如果是在微风中，风筝相对于风向的角度应该较大，以便分散更多的气流，从而得到相应的升力；而在较强的风中，风筝相对于风向的角度则应该较小。风筝尾巴除了让风筝飞起来好看些以外，也有两个实用价值，一是空气对它的阻力使风筝稳定，二是帮助调整风筝合适的迎风角。

　　所以，我们真正去放风筝的时候，就可以按照风筝是如何飞起来的原理，依据一定技巧，让风筝更快、更好地飞起来。首先要选有风的天气，没风那是不可能让风筝飞起来的；其次，我们要迎风放风筝，而不能顺着风儿，这样才能形成一个向上的举力；再者，我们可以牵着风筝线迎风奔跑，或站在原地不断地拉动风筝线，增大空气对风筝的向上压力，从而使风筝飞得更高。

风筝的故事

　　中国最早发明的风筝，并不是像今天通行的那样，用纸或者塑料制成，而是用木头做成的。相传，春秋战国时期文化名人墨翟，在现今的山东潍坊境内，不断试验，足足花了三年的工夫，才终于用木板制成了一只木鸟，也就是最早的风筝了。但是只飞了一天，这只木鸟就坏了，不能再飞了。可是，制作风筝的手艺却保留了下来，因为墨子把制做风筝的手艺传给他一个徒弟鲁班（即土木工匠之父）。鲁班是一个心灵手巧的人，他不仅继承了师傅教给他的手艺，而且在此基础上，通过刻苦钻研，把竹子劈开削光滑，用火把它烤弯，做成了喜鹊的样子，不仅更漂亮了，而且也飞得更久，据称在空中飞翔达三天。

36. 小小鸟儿不怕电，稳稳站在电线上！

科学档案馆：

奥秘事物：小鸟　电线

关键词：电流　电压

奥秘指数：★★★

　　你有没有看到过小鸟稳稳地站在高压线上呢？它们往往成群结队，要不就是在欢快地歌唱，要不就是在互相追逐、相互打闹！那你会不会感到纳闷呢，这些小鸟为何能够安安稳稳地停落在几千伏的高压线上呢？难道它们天生就具有高超的本领，不怕电吗？或者是小鸟本身具有特异功能？不，当然都不是！

　　那到底是什么使得小鸟能够站在高压线而不会触电呢？这还得从电的基本常识讲起。我们讲某某触电了，并不是指某某被电吸住了，而是指电源的电流流过了某某的身体。所以，触电产生的根本原因就是会有电流穿过物体内部。而电流并不会凭空产生，而是先要形成电压。高压线利用自己的两根不同电线之间的电位差，即火线与零线之间的电位差，形成电压，产生电流。所以，如果是搭上其中一根电线，它是没有电位差的，就形成不了电压，也就产生不了电流。而小鸟恰好都是双脚站在同一根电线上，所以根本就没有可能形成电压，那也就没有电流流过它们身体了。

那有没有可能因为小鸟两只脚站在同一根线上的不同地方，两脚之间产生电压，从而形成电流经过小鸟身体呢？事实上当然有了，但小鸟两脚之间的距离很小，导致两条腿之间的电压也很小，此时电流即使会从鸟的一条腿流进去，从另一条腿流出来，电流也是很小很小的。这时产生的电流完全在小鸟的承受范围内，所以就不会有任何问题了。

这下大家明白了吧，小鸟之所以能够安然无恙的站在高压线上，并不是因为它们具有什么天生的高超本领，更不是因为它们具有什么特异功能，只是因为高压线上的电根本就没有流过小鸟的身体，所以就不会让小鸟触电了！

雷雨天不要站在树下

如果在雷雨天中，你宁可被雨淋成个落汤鸡，也千万要记住不要站在树下躲雨。这是因为，虽然平时树木不是很好的导电体，电阻较大，但一旦被雨淋湿后，树木就会成为很好的导电体。如果不幸有闪电击中树顶，闪电的强大电流就会被树木导入大地，从而使得树根的周围存在很强的电流。这样一来，就很容易导致人的两脚之间形成较大的跨步电压，从而导致触电。即使树木没有被淋湿而被闪电击中，雷电电流就会进入树干，通过树干泻下来了，但在遇到阻力的时候它会停止的，所以极有可能在树干某处雷电电流停止下来，形成一个电弧，从而扩散开来，产生放电现象，就有可能产生高压电弧触电效应。

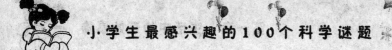

37. 鱼缸水草真调皮，有事没事吹泡泡！

科学档案馆：

奥秘事物：水草

关键词：光合作用　氧气

奥秘指数：★★★

如果你家养鱼的话，就会发现鱼缸里除了可爱的鱼儿以外，往往还会有些调皮的水草在里边，就好像是人们给鱼儿找了个玩伴！那么，如果你足够细心的话，肯定会发现，这些水草会经常有事没事地冒泡泡。如果你家没有养鱼的话，可以有机会到小河边钓鱼、捉蝌蚪，那时你也会发现河里的水草冲着水面冒泡泡。这是为什么呢？很简单，这是水草光合作用的缘故。

我们都知道，植物跟动物不同，植物生长所需要的能量、养分都是自给自足的，而完成这个任务的关键就是植物的光合作用。它是指植物通过体内的叶绿素吸收阳光，吸收空气中的二氧化碳，加上植物根部吸收一些矿物质和水分，发生化合反应，从而可以产生出葡萄糖，并释放氧气。光合作用产生的葡萄糖，能够提供植物生长所需要的能量和营养，从而植物也就能够存活下去。任何绿色植物都要进行光合作用，水草也不例外，它们也会通过叶片里的叶绿素，利用太阳光能，将吸收来的二氧化碳和水制造有机物质，同时放出氧气。鱼缸中会不断地冒泡泡，就是释放氧气的缘故。

那你是否可以推知为什么要把一些水草放鱼缸里吗？还是氧气的缘故，我们都知道动物都需要呼吸，吸进氧气，呼出二氧化碳。如果某地空气中氧气含量过低，会导致它们呼吸不畅，严重者会窒息而死。在鱼缸中，放上些水草，由于光合作用它们会释放出氧气，从而也就可以提高鱼缸里的氧气含量，更有利于鱼儿的成长。而水草进行光合作用往往都要阳光照射，所以你也要给自己的鱼缸经常晒晒太阳才好呀！

食虫的水草——狸藻

水草王国里，也有一种会捕捉虫子的植物，叫作狸藻。它一般生长于水流缓慢的淡水池中，一年一生。它的茎往往是又细又长，形似一根绳索，但长有很多分枝。在这些分枝中间，分布着由叶片变成的球状捕虫囊，其构造十分有趣，囊口处有一个能够向内开启的活瓣，囊口边缘往往还会长几根刺毛，旁边还有一些能够分泌甜液的小管子。当水中的一些小生命如小虾等被引诱偷吃甜液时，会不小心触动其刺毛，刺毛就会把信号传递给活瓣和囊，囊就会迅速胀大，活瓣也会打开，小生物便随水流进入囊中，随后它就会立马关闭活瓣，开始尽情事受美食了。

38. 雨后草木分外清，滴滴水珠成球形！

科学档案馆：

奥秘事物：露珠

关键词：表面张力

奥秘指数：★★★

　　唐代著名诗人白居易有一首诗叫《暮江吟》，"一道残阳铺水中，半江瑟瑟半江红。可怜九月初三夜，露似珍珠月似弓"。诗句里面描写了很多景物，其中就有露珠。露水的可爱在于它形状是圆的，形似珍珠。如果在荷叶上面滴几滴水的话这种现象会更明显。大家在为露珠的可爱而赞叹的时候有没有考虑过露珠为什么是圆的呢？

　　这其实是跟水的表面张力有关。所谓的表面张力，是指当液体与气体相接触时，会形成一个表面层，在这个表面层分子内部间存在着吸引力。它具有使液面自动收缩的能力，从而使得液体尽可能地缩小它的表面面积，而球形是一定体积下具有最小表面积的几何形体，所以液体很多时候都会成球形。同样的道理，液体与固体器壁之间也存在着"表面层"，这一液体薄层通常叫做附着层，它也一样存在着表面张力。不过，在此表面张力的作用下，会出现两种现象：一种是液体在固体壁上呈现出球形来，接触面有收缩趋势；另一种便是液体在固体壁上慢慢散开，接触面有扩大趋势，两种现象在物理学中分别叫作不浸润和浸润。当液体接触固体表面时，出现何种情况，取决于二者之间匹配性，所以经常出现同一种液体能够浸润某些固体，而不能浸润另一些固体。例如水滴到荷叶上就是不浸润，但滴落到玻璃上则是浸润。我们看到雨后草木叶片上，水滴圆圆似珍珠，就说明水和这些物体是不浸润的。

不过，我们通常看到的水滴，并不完全是圆的，而是会有一定的扭曲，这是由于地球重力的缘故，如果在太空中的话，因为能摆脱地球的引力所以能形成理想的圆珠形了。

能浮的硬币

平常，要是我们把硬币扔进水中，那肯定是要沉的，可是一些魔术师们却能够让硬币在水中保持不沉。其实，这个魔术就是利用了表面张力的原理。硬币之所以不下沉，是因为魔术师们在硬币上动了个小手脚，他们在把硬币投入水中之前先往硬币上涂了一层油。如此一来，由于水不浸润油，这些涂有油的硬币就会受到水很强的表面张力托住，从而也就不会下沉了。实际上，在日常生活中我们也可以经常看到利用水不浸润油原理的现象，例如，油纸伞便是一个很好例子，虽然是纸做的，但因为涂上了油所以不会被水浸湿。再比如，给金属器材涂上机油，就可以防止水浸湿金属器材，从而也就防止了因水而引起的金属生锈。

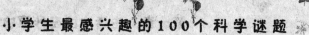
39. 植物扎根往下长，不因 "引力" 而因 "钙"！

科学档案馆：

　　奥秘事物：树根

　　关键词：钙

　　奥秘指数：★★★★

　　自然界中，植物的根可以说是五花八门、千奇百怪，可不知你有没有注意过这样一个现象，那就是不论是高耸入天的大树，还是毫不起眼的小草，很多植物的根部都是往下长的，很少植物的根会出现往上长的现象。我们都知道，植物的苗往往都是往上长，为什么它们的根部会恰好相反，不断地往下长呢？

　　有些人认为这只不过是因为人们通常都是朝下栽种植物，那它的根部自然就会往下长，如果你换个方向，例如把根苗横过来，也许就不会往下长了。可是，真的会这样吗？有兴趣的话，我们可以做个实验，看这个原因是否行得通！首先把玉米种子放在潮湿的沙土里，经过几天的阳光照射，就会长出根来，等到这些根长至一两厘米的时候，把其中几根玉米苗横过来，等过几天再去观察，你会发现横过来的根拐个弯依然往下生长。看来，这个原因是解释不通的。

　　有人提出这是因为地球引力的作用，植物根部由于受到强有力的地球引力才会往下长的，可是它仍然解释不了为什么横过来的根仍然会拐个弯后再朝下长？最终，美国科学家们解答了这个问题，他们研究发现，植物之所以会不断地往下长，原因在于它们根部独特的构造。通常，位于植物根的顶端长有一个形似"帽子"的部位，叫做根冠。科学家通过分析这些根冠的构成，发现它们细胞里积累了大量的钙，而且越靠近根部中央含量就越大，密度也就越大，体重也就越重。这一特征和地球引力的综合作用，就必定控制着植物的根朝下生长。可见，根向下生长不仅是因为无处不在的地球引力作用，更主要的是它们自身独特的构造。

 知 识 一 点 通

往上长的"朝天根"

　　在我国海南岛沿岸生长一种叫作海桑树的树木，它有一个奇特的现象，便是它的根是朝天而长的！人们可以在它树干附近的地面上，看到许多像竹笋一样的树根，都是从地下的根部长出来的。它们会穿过淤泥，冒出地面，前端完全暴露在空中。这些朝天根，又叫作呼吸根，其质地松软，其内的通气组织特别发达，不仅可以吸收空气中的氧气，而且可以吸收大气中的水气。这是不是跟我们上面所说的根都是朝下长矛盾呢？不是的，因为海桑树的根部主体还是往地下长的，这些冒出来的树根只是一些树干分枝，它是海桑树为了适应外界环境自然进化形成的！

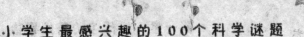
40. 重担在肩人倾斜，走路不平像小跑！

科学档案馆：

奥秘事物：挑担子走路

关键词：重心

奥秘指数：★★★

在一些地方，由于道路非常狭小，不可能依靠汽车来运输重物，有时甚至连手推车都不行，所以只能依靠人力，让人们肩挑来运输。如果你有机会，一定可以观察到这些挑着重物的人走路就好像是在小跑似的。这是为什么呢，是为了走得更快吗，还是为了走起来好看些？都不是，挑着重担的人才没有工夫考虑走路是否好看，也不可能求快。他们这个时候最主要是维持身体的平衡，不让重物把自己给压倒，也以免在行进中人倒物翻。

那为什么小跑有助于挑着重担的人平衡身体呢？这得从分析走路说起。我们都知道身体的各个部位都要受到重力的作用，但从效果上来看可以把各部位所受重力集中于人体一点上，这一点就是人体重心。人在站立不动的时候，如果从人体重心引出一条朝向地面的垂直线，则这条直线在地面的落点总是在两脚之间，这叫作静止状态下的平衡。当我们要起步向前时，就会打破这种平衡，身体总是要先向前倾，这时人体重心垂直于地面的垂线落点就不再位于两腿之间了，而是在两腿之外，形成了一个向前跌的趋势。此时，如果停久了很可能造成重心不稳而跌倒，不过还好，我们的后脚会马上迈过来维持平衡。所以，我们步行都是左右双脚交替着行进，因而也可以说是一个接替一个的连续性跌倒动作。

人们走路时这种倾跌趋势，会随着重量和跨出步伐的大小而改变。人越重跨出步伐越大，使得向前倾跌的趋势越厉害，此时人们会备感吃力，步子也不容易跨稳。所以，挑着重担走路，等于人体的重量突然增加了许多，向前移步时的倾跌趋势就更厉害，但我们可以缩小跨出的步子，加速迈出后脚，从而适当减小这种倾倒趋势，可以防止真的跌倒。因此挑重担的人，走路的步子总是又小又急，这就成了小跑了。

挑水时为何要在水桶里放片叶子

经常挑水的人，把水桶盛满水后，并不会急着挑起担子，而是先在水面上放片叶子或其他干净的薄片，然后才会挑起担子颤悠悠地走开。他们为什么要先放上片叶子呢？简单地说，是为了减弱水桶里水的振荡。我们都知道，挑着担子走路，人和扁担都要振动，桶里的水也要随着振动。起初水的振动幅度不大，只不过是水面有些摇晃，可是时间一长，桶里的水振荡就会和人的步伐合拍，振动就变得非常厉害，以致把水溅出桶外。此时，如果在水桶上放一片干净的叶子或薄片，水在振动时就必须带着叶片或薄片一起振动，如此一来就大大地减小了振动幅度，水也就不会溅出来了。反之，则很可能走到半路上，一桶水只剩半桶水了！

第二章

人体中的科学奥秘

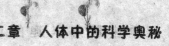

41. 都道三眼是神话，其实人人为三眼！

科学档案馆：

> 奥秘事物：松果腺体
>
> 关键词：星形细胞　感光性
>
> 奥秘指数：★★★★

　　你有没有羡慕过很多神仙长着威力无穷的第三只眼睛呢，心想要是我也有第三只眼睛该多好呀？告诉你吧，我们每个人可都是有第三只眼睛噢，只是我们自己看不见而已，所以完全用不着羡慕那些神仙。那么，我们的第三只眼长在什么地方呢？如果你要想在自己额头和脸上找到它，那你肯定是要失败的。它现在是深深地埋藏在大脑的丘脑上部，也有自己独特的名字，即松果腺体，它是一种专门分泌激素的器官组织。

　　虽然它现在跟我们的眼睛功能完全不一样，但你也不能说它跟眼睛完全没有联系。首先，它是惟一一个跟我们眼睛一样具有星形细胞的腺体，也就是说松果腺体和眼睛在细胞成分上具有共同点。其次，它通过神经纤维跟眼睛相联系，好比是在它们之间连着好多条纤细的线。再者，我们都知道眼睛之所以能够看见东西，是因为对光线敏感，同样地，松果腺体也对太阳光具有十分强的敏感性。若太阳光十分强烈，松果腺体激素分泌就会受到抑制而减少；反之，它就会增多。松果腺体激素多了，其他腺体激素就少了，人们由于其他腺体激素的减少，就会显得无精打采，不想干活；反之，其他激素增多，精力旺盛。这就是我们为什么晴天更精神抖擞而阴天更容易萎靡不振的原因之一。

更为奇妙的是，我们这第三只眼中含有钙、镁、磷、铁等物质的颗粒，并且这些颗粒呈晶体形状，类似于常见的沙子形状，所以也把它称为"脑砂"。不过，并不是人人都含有"脑砂"，因为它只有等到你满15岁以后，才会开始逐年增加，而刚出生的小宝宝压根就没有这种东西。所以，你下次再看到神话传说中的三眼神仙时，就不必再那么好奇了，我们可都是也有第三只眼睛呀！

知识一点通

肾上腺

我们体内具有多种腺体，其中很重要一种腺体就是肾上腺。它位于我们两侧肾脏的上端，外形看起来是倒三角。肾上腺可以分为里外两部分，里边学名叫着髓质，外边学名叫着皮质，分别分泌着不同的激素。髓质主要分泌肾上腺素和去甲肾上腺素，肾上腺素能使我们心跳增加、心率加快、支气管扩张、瞳孔放大等，而去甲肾上腺素能使血管收缩、血压上升等。皮质分泌的激素多种多样，按照成分构成可分为两类，分别发挥着不同作用。一种主要是调节糖、蛋白质、脂肪代谢，促使蛋白质和脂肪分解转化为糖，并抑制糖的氧化利用，使糖在体内积聚；另一种作用是调节体内电解质和水的平衡，促进肾脏等保留钠并排出钾。

42. 个子早晚不尽同，清晨高来入夜矮！

科学档案馆：

奥秘事物：身高

关键词：软骨

奥秘指数：★★★

　　如果有人问你量过自己的身高没有，如果量过又是在一天的什么时间量的呢？相信很多人会觉得问的那个人真怪，问身高就是了，为什么还要追问是在什么时间量的。但事实上，这样问的人是很有道理的，因为你的身高在一天各个时刻是不一样的。比如说，你上午量的身高为150厘米，那很可能你早上的时候要比150厘米高一些，而晚上睡觉前再量量的话，又很可能要比150厘米矮一些。这是为什么呢？

　　原来，这跟我们的身体骨架构造有关。我们只要摸摸自己的身体，就可以感觉到在肌肉里面都包裹着骨头。你可别小瞧这些骨头，因为正是这些骨头才支撑起我们身体，就好比是钢筋柱子支撑起一座大厦那样。我们身上的全部骨头并不是一整块的，而是分成一节一节，然后这些一节一节的骨头再连起来，才形成我们的骨架。在医学上，把两节骨头连起来的东西称作"软骨"，它具有弹性，才使得我们的骨关节处可以转动。同时，也正是这软骨的调皮捣蛋才使得我们早晚的身高不同。

　　我们在晚上临睡前，经过白天一整天的劳累，各处相连的骨头之间就肯定要相互挤压了，具有弹性的软骨在此挤压作用下必定要缩短变薄一些。虽然一处软骨缩短范围很小，但我们全身上下的软骨都一定程度上缩短变薄，那累加起来效果就可观了。同样的道理，由于我们睡觉时一般都是平躺着，骨头之间不会层层相压，关节间就松弛了，软骨相对就会变长变厚。即使一处软骨变化很小，但很多处的累积变化效果就不容小看了。这样一来，一个变矮了，一个变高了，两者的差别就大了，有时早晚身高相差会达到4~6厘米。

小个子伟人

　　如果你为自己的身高而苦恼，甚至产生自卑的心理，那我要恳切地告诉你大可不必如此，因为你的身高并不会决定你是否成功，更不会决定你是否生活幸福。事实上，古今中外历史上的很多伟人，他们的个子并不高，甚至可以说很矮。拿我们伟大的思想家、文学家鲁迅先生来说，他的身高还不及一卷六，但他的影响却超越了时代，超越了地域。所以，小个子的小朋友千万不要自怨自艾，只要肯于付出，并保持好的心态，也必然会成功。

43. 浑身肌肉分多块，最为强韧是舌头！

科学档案馆：

奥秘事物：舌头

关键词：舌肌　韧性

奥秘指数：★★★

　　如果把我们的身体比喻成一座房子，那骨骼就是支撑这座房子的钢筋架子，而肌肉便是填充架子的砖块。无论是我们身体表面还是身体内部，到处都可以发现肌肉的踪影，它们有的大有的小，有的厚有的薄。可是，要论灵活强韧的话，还得数我们嘴里面的舌头，相信再也找不出第二块肌肉能够像舌头那样可以能伸能缩、收放自如的了。我们平时做运动，都要尽量让手上、腿上的肌肉舒展开来，就是为了预防一不小心把它们给拉伤了。可是舌头就不存在这个问题，你想伸长就伸长，你想打卷就打卷。总之一句话，在我们体内众多块肌肉中，就数舌头最为灵活强韧。

　　是什么导致我们的舌头能够如此灵活强韧呢？这还得从我们舌头的构造说起。虽然平时我们把舌头吐出来观看的时候，往往会觉得舌头就是一整块肌肉，但事实并不是如此，我们的舌头是许多块肌肉连在一起构成的，而不是单单由一块肌肉构成的。例如构成我们舌头主体的"舌内肌"就有好多块，这些肌肉有些是由肌纤维横着组合起来的，称为舌横肌；有些是竖着组合起来的，称为舌纵肌；有的是横竖交叉组合起来的，称为舌垂直肌。当这些肌肉收缩时，就使得舌头缩短、变窄或者变薄，那我们的舌头形态就可以自由地进行变换了。这就是我们舌头为什么成为身体中最为灵活强韧的肌肉的原因。

可是，我们并不能看到各种排列方向的肌肉，这是因为我们舌头最外面还覆盖了一层膜，即舌粘膜，它把我们舌内肌包了个严严实实，但它丝毫也没有损伤舌头的灵活性和韧性。

知 识 一 点 通

舌头和味觉

舌头是我们人体的味觉器官，如果这一器官罢工了，那可不得了，再好吃的东西都会味同嚼蜡。舌头之所以能够产生味觉，就在于它的上表面和两侧长有味觉感受器——味蕾。味蕾，分为酸、甜、苦、咸四种味觉感受器，其他的味道只能依靠这四种味蕾相互配合才能产生。并且舌头的不同部位，对不同的味道感受能力不同，例如，舌尖对甜味感受最敏感，舌的侧面及中部对酸味最敏感，舌根部对苦最敏感等等。舌头还有触觉、痛觉等感受能力，这些感觉跟特定的味觉综合作用，就会产生其他味觉。例如，"辣"味是咸味与痛觉的综合等等。所以，一定要保护好自己的舌头，要不吃什么都香不了。

44. 人人都是发光体，一道光环绕全身！

科学档案馆：

奥秘事物：人体

关键词：辉光

奥秘指数：★★★★

你能想到吗，其实我们人体跟萤火虫一般，也在不停地发光发亮，只是有些光线过于暗弱，我们肉眼轻易发现不了而已。早在1911年，英国的一名医生，叫华尔德·基尔纳，他在用双花青染料涂刷玻璃瓶时，就意外地发现了在离自己身体周围约15毫米左右处有一个发光边缘。不过，由于这个发现对于当时的人们来说太超前了，并且没有确凿的证据证明人体会发光，所以也就没有引起世人的足够关注。过了将近三十年后，前苏联工程师克里安夫妇，利用一种特殊照相术，即把被摄体置于一个由高频高压产生器产生的高频电场中，把环绕人体一圈的明亮辉光拍摄了下来，明确地告诉了世人人体能够发光，并指出这是因为人体的周围存在着一个微弱的电磁场，当空气中的电子进入该磁场之后开始加速运动，使空气中的分子释放出相应的光。于是，人体会发光这一发现受到了人们越来越多的关注，并且也越来越被人们认可。

而今，人们可以通过更先进的技术，把人体辉光的景象呈现出来。例如"日本新技术开发事业团"采用具有世界上最高敏感度的、用于检测微弱光的光电子倍增管和显像装置，成功地实现了对"人体辉光"的图像显示。特别有意思的是，人们把"人体辉光"图像和中国古代的针灸图相互比照，发现了一个令人惊奇的现象，那就是"人体辉光"图中那些明亮闪光处，恰好与特定针灸穴位相吻合。同时科学家们还发现，每个人都有自己独特的辉光样式，并且一些生活行为会改变辉光的样式，如前苏联科学家们发现，酗酒者们在刚刚举杯喝酒时，环绕在其手指尖的辉光明亮清晰，等到他们喝醉以后，这些辉光就会变得暗淡无光。

不过遗憾的是，"人体辉光"至今还有很多待解释的地方，还有好多谜团需要被解开！

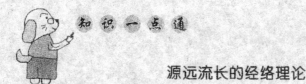

源远流长的经络理论

我们上面提到的"人体辉光"图中那些明亮闪光处，恰恰相反好与特定针灸穴位相吻合。这是和我国源远流长的中医理论相吻合的。早在二千五百年前，中国第一部医学巨著《黄帝内经》就系统地论述经络理论，指出人体内存在着一个经络脉这些大干线上一些细小分支，二者合起来就统称为经络。它们在内联通内脏，在外沟通四肢，将人体内外连贯起来，成为一个有机的整体。这个经络系统对于人体来说非常重要，具体来说包括三个方面：生理上，可以运行气血、协调阴阳；病理上，可以抗御病邪、反映症候；防治疾病上，具有传导感应、调整虚实的功能。这一理论，两千多年来指导着中医实践，同时也在实践中不断得到充实和发展，是中华民族智慧的结晶与体现！

45. 人体比例有讲究，黄金分割把体分！

科学档案馆：

　　奥秘事物：人体比例

　　关键词：黄金分割

　　奥秘指数：★★★

　　有一个定律叫着"黄金分割定律"，指的是如果把一定长度的线条或物体分为两部分，使其中较长一部分跟全体之比为 0.618，而同时较短一部分对较长一部分之比也为 0.618，这个分割就叫做黄金分割，而分割点就是黄金分割点，意为像黄金般珍贵的比例。这个比例的价值，在艺术领域体现得最为突出，把这比例用于绘画、音乐、建筑、雕塑等艺术布局中，产生的美感最为强烈。比如说，我们国旗上的五角星，看起来很漂亮，如果把五角星各边相连，会发现所有线段之间的长度关系都是符合黄金分割比的。从人眼看来，符合这一比例的话，就会显得更美、更好看、更协调。

　　事实上，我们人体的一些分割点就是按照黄金分割来布局的。如果一个人肚脐以上的身体长度与肚脐以下的比值为 0.618，或者说肚脐以下身体长度恰好等于身高的 0.18，那肚脐就是一个黄金分割点。人体的一些局部部位，也是按照黄金分割进行布局的，比如说，人的眉毛到脖子的距离等于头顶到脖子的距离的 0.618。

此外，喉结，它所分割的咽喉至头顶与咽喉至肚脐的距离比为0.618；肘关节，它到肩关节与它到中指尖之比也是0.618；还有，手的中指长度与手掌长度之比，手掌的宽度与手掌的长度之比，也是0.618。这使得我们人体总体上看来比较协调、漂亮，不过这都是一个理想状态，现实中的人多多少少都要偏离一些，要不高了点，要不就是低了点！

如果某人在上述部位完全按照黄金分割分布，那绝对是一个标准的美人！这也就是为什么在人体雕塑中，雕塑家们往往都要按照比例来进行雕塑的原因所在。

知 识 一 点 通

达·芬奇的比例美学理论

达·芬奇是欧洲文艺复兴时期意大利的伟大画家，他的名作《蒙娜丽莎》享誉世界。可是你知道吗，他还是个美学理论家，在总结了自己的绘画经验后提出了一套比例美学理论。如他指出标准人体的比例为头是身高的1/8，肩宽是身高的1/4，平伸两臂的宽度等于身长，两腋的宽度与臀部宽度相等，乳房与肩胛下角在同一水平上，大腿正面厚度等于脸的厚度，跪下的高度减少1/4等等。达·芬奇认为，如果现实中有某人符合上述比例，肯定是个标致美人。实践证明，他的比例美学理论至今仍具有十分重要的指导意义，是绘画的一个准则。

46. 若问哪里最怕冷，冠军原来是耳朵！

科学档案馆：

> 奥秘事物：耳朵
>
> 关键词：散热
>
> 奥秘指数：★★★

人们常用"冻掉耳朵了"来形容天气寒冷，让人难以忍受！那么有没有真的被冻掉耳朵的人呢？答案是肯定的，"冻掉耳朵了"决不仅仅是一种夸张的修辞手法，而是会确确实实地发生，不少登山运动员和极地探险家身上就发生过这种情况。可见耳朵是非常怕冷的，好多人到了冬天走出室外，耳朵会很快被冻得通红通红，可以说它是我们头部器官中最怕冷的一个！那究竟是什么原因使得耳朵如此怕冷呢？

要回答上面的问题，首先我们就得明白人体怕冷的原因是什么。我们都知道，人类是一种恒温动物，正常情况下体温维持在37℃左右，但人体并不是一个密不透风的容器，体温会受到外界环境温度高低的影响。比如说到了夏天，空气在太阳的强烈照射下，温度会变得很高，这时人体就可能吸收外界的热量，让人觉得很热；反过来，到了冬天，外界气温很低，身体就会把自己一部分热量散发到空气中，这时我们就需要采取一定的保暖措施，降低热量蒸发，要不然血液在温度太低的情况就会凝固，身体的组织就会被冻坏。耳朵之所以会出现冻掉的情况，就在于耳朵里血液被冷却凝固，导致耳朵组织损坏。

明白了这一点，我们就可以很容易地明白为什么耳朵要比其他面部器官怕冷了。耳朵是头部的突出部位，它只是薄薄的一片，所能蕴含的热量很少，而且两面都是完全裸露在外的皮肤，两面均会接触空气。如此一来，它的体积虽小但接触空气的面积却较大，热量散发的速度就很快。"一少一快"，想慢点被冻掉都难了！所以，生活在寒冷地带的人们，不仅要给身体穿衣服，对耳朵也要采取保暖措施，要不个个都有可能成为没有耳朵的人了！

奇特的耳朵构造

耳朵是我们人体最重要的器官之一，没有它，我们的世界就会成为一片死寂的天地，毫无生气可言。耳由外耳、中耳、内耳三部分组成，分别发挥不同的作用。外耳由耳廓和外耳道组成，是阻挡外面灰尘进入耳朵的一扇大门，其中耳廓形似漏斗有集音作用，而外耳道是声音传入中耳的弯曲腔道。中耳由鼓膜、鼓室和听骨链组成，鼓膜是椭圆形的薄膜，在声波作用下产生振动；而鼓膜向里是一个1～2平方厘米的含空气鼓室，其内还有由3块听小骨相互串联成的听骨链，它与内耳相连。最里边便是内耳，其内有听觉感受器，当它接收到经由外、中耳道传来的声波后，就会产生神经冲动，并把其传到听觉中枢，于是产生听觉。

47. 体内自配生物钟，定时提醒歇一歇！

科学档案馆：

奥秘事物：生物钟

关键词：神经元　周期

奥秘指数：★★★★

　　为什么每天晚上到了一定时间，你就会开始犯困，不得不上床睡觉呢？同样，为什么每天早上到了一定时间，你甚至都不需要闹钟就会自动醒来呢？这都是我们人体内的生物钟在"作怪"。生物钟，通俗地讲，就是说我们人体内有一种类似时钟的东西，会周而复始地不断提醒我们该干什么了，自动地调节着人体生理活动。由于生物钟发生作用并不会受到外界环境的影响，所以我们一般把它视为天然的或称内生的。例如，我们人体的体温、脉搏、血压、氧耗量等等均会随着昼夜变化而变化。当然，我们人体的生物钟变化周期不限于以昼夜为周期，事实上还有以月为周期的，也存在以年为周期的，分别被叫做"日钟"、"月钟"以及"年钟"。

　　那为什么我们人体会有如此功能呢？是不是有什么器官负责运作这一功能呢？告诉你吧，确实有器官负责调解生物钟。有科学家发现，在我们大脑垂体下部有一串神经细胞，如果这些神经细胞受到损伤，那我们的生物钟就很可能出现紊乱，甚至完全倒过来。由此可见，生物钟并不是无缘无故产生的，而是由我们大脑内的专门神经元调控的。那这些神经元到底位于大脑什么地方呢？经研究发现，这些神经元处于大脑的后部，横跨大脑的左右半球。更有趣的是，日本的科学家精确地测量了人体"日钟"的确切周期，他们指出人体"日钟"周期要比时钟长18分钟，即24小时18分钟。

由此可见，我们人体的运行决不是盲目的，毫无规律的，恰恰相反，人体自身运行时刻都在遵循着客观规律，讲求着节奏感。所以，我们最好不要轻易违背自身的生物钟安排，按时休息，如此才符合自然规律，才能事半功倍。

知识一点通

一天中人体精力的变化

我们都有这种感觉，一天不同时刻自身精力是不同的，有时感觉很充沛，有时却怎么也提不起精神。事实上也正是如此，我们人体精力每天都在周期性地变化着。具体来说，上午九点左右，人体的精神活动最强，而到了十点左右是人一天中精力最充沛的时候，然后精力会逐步降低，到了下午两点左右，人的精力出现了一天中第一个低谷；接着到了下午三点，精力又会恢复正常水平，到五点达到又一个高点，然后从六点开始逐步下降；七八点人的精力会出现波动，但到晚上九点钟，人的记忆力最好，最适合学习；到了11点左右，人的各种器官活动就比较缓慢了，精力也就不足了。所以，若我们平时学习依靠精力的周期性变化来进行，就很可能事半功倍。

48. 同在车上摇晃荡，有人晕来有人爽！

科学档案馆：

　　奥秘事物：晕车

　　关键词：平衡感受器神经系统

　　奥秘指数：★★★★

　　如果你晕车晕得厉害，每次坐车都吐个天翻地覆，那我教你一个法子保你不再晕车，这就是自己来开车。不信的话，可以等长大后自己亲身实践一下我的这个建议，保管百分百奏效。你可别以为我是胡诌呀，我这样说是有科学依据的。

　　所谓的晕车、晕船、晕机，在医学上都叫晕动病。它是指人们在乘坐汽车、轮船乃至飞机时，这些交通工具不断地颠簸、振动，从而刺激到了人体内的平衡感受器（位于内耳前庭），很多人会因此出现出冷汗、恶心、呕吐、头晕等症状。由于每个人平衡感受器的敏感性和承受能力有着很大差别，所以同样一辆汽车，有些人一坐上就会开始犯晕想吐，而有些人却很享受坐车的感觉。那么，这跟开车可以让人不晕车有什么关系呢？因为晕动病主要是人体前庭神经系统受到了过分刺激而引起的，所以降低对前庭神经系统的刺激就成了克服晕车的关键所在。

　　人的神经系统有高低之分，低级的神经系统会受到高级的神

经系统的调控，而前庭神经系统属于低级的，它受大脑皮层高级的神经系统影响，也就说高级中枢神经系统对低级中枢有抑制作用。当晕车的人开车时，要求全神贯注，因而精神就处于高度集中状态，这时大脑皮层的高级中枢神经系统就必定处于高度兴奋状态，那前庭系统受到这一影响就只好低调一点了，不再闹腾了，开车的人自然就不会晕车了。而以乘客身份乘车时，则不具有这种效应。

不过话说回来，并不是每个坐车的人都能有机会自己来开车，从而克服晕车的毛病。要想减缓晕车所带来的痛苦，更多的人只能寻找一些便宜的方法，不过，这得靠平时自己总结经验了。

知 识 一 点 通

宝贵的耳屎

有些小朋友总喜欢有事没事地掏耳朵，恨不得把耳朵里的耳屎给掏个一干二净，可是他没有想到他已经把自己身上的一件宝贝给掏走了。耳屎，听起来挺难听的，可是它的作用可不小，是保护耳朵的功臣。耳屎，作为一种苦味的油脂物，是保护耳朵的第一防线。由于它味苦，如果有小虫不小心钻进耳朵内，耳屎就会请它们好好地享受一顿"苦"味大餐，那小虫不跑掉才怪；再者，万一有些灰尘不小心掉入耳朵内，油油的耳屎就会吸住它们，阻止它们作恶；耳屎还具有防水，保持耳道干燥的功能。所以，耳屎贵如金，轻易莫挖取。

49. 头发使人更漂亮，看病也靠它帮忙！

科学档案馆：

> 奥秘事物：头发
>
> 关键词：微量元素
>
> 奥秘指数：★★★

　　不论男女，我们每个人都希望自己能够有一头漂亮的头发。可是，你知道吗，头发可不仅仅只是人体一个装饰品，它更主要地是为了保护我们人体尤其是头部！有了头发，我们才可以在炎炎夏日避免把脑壳直接置于太阳的暴晒下，而到了冬天又可以用来抵抗寒冷。最近，人们还发现了头发的一个新用途，那就是用它来看病！

　　我们都知道去医院看病，医生询问了病人的一些病情后，如果不能凭借他的经验判断病人得了什么病，就会让病人去化验，等化验结果出来再作诊断。一般来说，化验最常用的就是人体的血液，再者是尿液，可是在一些发达国家利用先进的技术手段，可以通过化验病人的头发来诊断他患有何种疾病！头发是如何帮助人们诊断疾病的呢？如果我们具有一些医学知识的话，肯定知道人体是由四十多种元素构成的，根据元素在体内含量不同可将这些元素分为两类，一类被称为常量元素，占了体重的绝大多数，另一类为微量元素，只占到体重很小很小的一部分，如铁、铜、锌、铬、钴等等。这些微量元素在体内含量微乎其微，但起到的作用却至关重要。一旦缺少某种或某几种微量元素，就可能引发特定的疾病。所以，医生可以通过检验人体内的某种微量元素含量来判定是否得了某种疾病，而头发在这个方面正好具有突出优势，因为头发的某些微量元素含有比例要远远高于体内含有比例。

不过，这并不能诊断出所有的疾病，而是对某些疾病具有突出检验效果，如营养不良、锌缺乏症、少年糖尿病、智力障碍、先天性精神异常、新陈代谢紊乱等等。此外，化验头发具有化验血液所不具备的一些好处，如可以随意取样，并避免了疼痛，更关键的是可以减少通过化验血液而带来传染性疾病的几率。头发诊病，前景广阔！

各色的头发

人的头发天然具有各种颜色，如黄种人和黑种人的头发绝大多数为黑色，而白种人则有较多种颜色，如乌黑、金黄、红褐、红棕、淡黄乃至红色等等。头发颜色不同跟头发里的黑色素含量有莫大关系，如果黑色素颗粒数量多、密度大，头发则呈黑色，反之头发颜色则浅淡。此外，头发里所含有的微量元素数量不同，也会导致头发颜色不同，如含有的镍量大时，头发就会变成灰白色，再如金黄色头发含有钛，红褐色头发含有钼，红棕色的除含铜、铁之外，还有钴，绿色头发则是含有过多的铜等等。

50. 头发指甲身上物，剪掉却是不觉疼！

科学档案馆：
> 奥秘事物：头发指甲
> 关键词：神经末梢死细胞
> 奥秘指数：★★★

　　我们的每一寸肌肤，只要稍稍用力一碰，立马就会产生一种疼痛感，严重的时候甚至让人痛得掉眼泪！可是，我们身上却有几处比较特殊的部位，如脚趾甲、指甲、毛发等等，可以随便剪掉而毫无疼痛感。这真是让人费解，这些部位为什么会如此特殊呢？

　　要想搞明白上面的问题，我们就得先弄明白我们为什么会产生疼痛感。所有的疼痛感觉，是我们人体神经系统对于外界刺激的一种应激性反应，它意在提醒人们注意某个部位将要或正处于危险之中，需要采取某种措施来避免这种危险，从而减轻疼痛感。我们体内的神经系统，就像一棵倒栽的树，大脑是树根，骨髓是树干，然后分出很多主枝，主枝长出很多分枝。分枝的末端，有一个专有名词叫神经末梢，分布到全身各处。我们每一寸肌肤都有神经末梢的踪影，当人体某个部位受到刺激时，痛觉就会从神经末梢向内传到脊髓，然后通过骨髓向上传到大脑顶叶的中央后面。大脑在这儿就会把来自身体表面的信号综合成为"疼痛"，并能指

出疼痛的部位。可见，神经末梢是人体产生疼痛感觉的源头，如果有些部位没有神经末梢分布，那么在这个部位无论怎么敲打也不会让人产生疼痛感了！

而神经末梢，没有把自己的触角伸至头发、脚趾甲、指甲身上，所以我们就可以放心大胆地剪掉它们了。那这些部位为什么没有神经末梢分布呢？这是因为，它们都是人体新陈代谢的产物，都是死细胞生成的，不仅没有神经末梢问津，也没有血液光顾，如此一来，剪掉它们就完全不会产生疼痛之感了。事实上，为了生活的方便和卫生着想，最好定期地修指甲、脚趾甲和头发，以免它们过长！

 知 识 一 点 通

神经系统的划分

我们人体的神经系统，是一个统一的整体，不可分割。但在医学上为了叙述和研究方便，对神经系统进行了划分，主要分为中枢部和周围部。中枢部又称中枢神经系统，包括颅腔内的脑和椎管内的骨髓。周围部又称周围神经系统，包括与脑相连的脑神经和与骨髓相连的脊神经。根据周围神经系统分布可分为躯体神经和内脏神经，前者分布于体表、骨、关节和骨骼肌，后者分布于内脏、心血管、平滑肌和腺体。同时，人们又把周围神经分为感觉神经和运动神经，前者是从神经末梢感受器传向中枢，而后者则反过来自中枢传向周围，所以又分别称为传入神经和传出神经。

51. 心脏如同拳头大，喷出血液高过楼！

科学档案馆：

奥秘事物：心脏

关键词：血液

奥秘指数：★★★

通常，人们判断死亡的标准，主要是看这个人的心脏还会不会跳动，如果心脏停止了跳动，那一般来说他已经死了！可见，心脏对于我们人体来说是多么重要，而且它得一天到晚地忙碌着才行，如果它罢工了，我们可就麻烦了！不过还好，我们心脏通常都很"听话"，能够勤勤恳恳地不停劳作。对于正常的成年人而言，心脏一分钟一般要跳动约 75 次，而每次跳动 1 次就可以射出约 70 毫升的血液到大动脉中，如此算来，每昼夜心脏要跳动 10 万多次，可想而知心脏每天要射出多少血液。这还不算特别新奇的，更为让人诧异的是，心脏这个"抽水泵"产生的压力可以把血液喷出几米高，相当于一座小楼房的高度！它能够产生这么大的力量，消耗的能量也不在少数，有人作过一个形象的比喻，说心脏一生消耗掉的能量，相当于把重约 3 万公斤的重物搬上珠穆朗玛峰所需要的能量！

那么心脏到底是如何劳作的呢？人的心脏一般只有自己握起

的拳头般大小，它的内部被分为左右两部分且互不相通，而这两部分又分别分隔成上下两部分，于是心脏就分成了四个部分，上面两个叫左右心房，下面两个叫左右心室。左心房连肺静脉，右心房连上、下腔静脉。心室连通动脉：左心室连主动脉，右心室连肺动脉。心房和心室之间、心室和动脉之间，都有如抽水机活塞一样的瓣膜。这些瓣膜只能向一个方向开，使血液只能从心房流向心室，从心室流向动脉，而不能倒流。心脏在心肌收缩松弛的带动下，一缩一舒，于是就可以把心脏内的血液射入到动脉中，在动脉管道的输送下，血液就可以流遍全身了。如此一来，通过血液周而复始地循环流动，将氧气和各种营养输送给每一个细胞，同时，将细胞产生的二氧化碳等废物，运输到一定部位并清除体外，我们人类也就能够活下去！

人体血液循环

人体的全部血管和心脏构成了一个完整而封闭的管道，血液在其中周而复始地流动，因而叫血液循环。血液循环，又可分为体循环和肺循环。前者是指血液由左心房泵出，流经大、中、小、微动脉直至组织细胞周围的毛细血管网，将氧和营养物质输送给全身的组织细胞，并将组织细胞的局部代谢产物运走，再通过微静脉、小静脉到上、下腔静脉，流回右心房。后者是指将流回右心房的静脉血，经右心房至肺动脉，至肺毛细血管部位与肺泡进行气体交换，摄取氧气，弃去二氧化碳，再由肺静脉流回至左心房。二者在心脏处连通在一起，组成身体的一条完整的环形运输线。

52. 睁眼喷嚏二选一，无人能够齐齐做！

科学档案馆：

　　奥秘事物：打喷嚏

　　关键词：压力　肌肉收缩

　　奥秘指数：★★★

　　不知你注意过没有，每当要打喷嚏的时候，我们的眼睛就会自然而然地闭上，然后喷嚏才会冲天而出，心里也顿感舒畅不少！那有没有人在打喷嚏的时候，能够睁开眼睛呢？告诉你吧，答案肯定是不会，也不能。那是什么原因导致喷嚏与睁眼只能二选一呢？这得从睁眼和打喷嚏各自的原理说起。

　　睁眼与闭眼，其实就是一个眼皮的睁开与闭合的过程，而眼皮的运动主要由两条肌肉主宰，一条便是环状的眼轮匝肌，而另一条便是上睑提肌。不过不同的是，前者是由大脑面神经支配，而后者则是由大脑视神经支配。当我们大脑发出指令，就可以通过神经传导控制眼轮匝肌收缩，并使上睑提肌松弛，眼皮就会闭合起来；反之大脑支配提上睑肌收缩，眼轮匝肌松弛，眼皮就睁开了。而打喷嚏，它则是人体的一种防御性呼吸反射，它从深吸气开始，然后膈肌突然收缩，产生一急速有力的呼气动作，此时人若张大嘴巴，就会有一股气体从口鼻冲出。据科学家估计，打喷嚏产生的气流速度达到了160公里/小时，可以远至三四米开外。可见，打一个喷嚏需要借助多大的压力才行。一般来说，打喷嚏时，不仅肺内，就连口腔内、鼻腔内都会产生很大的压力。所以，在压力的强力作用下，颈部、面部、额部的肌肉都要紧张，而支配闭眼的眼轮匝肌因与面部肌肉同受面神经支配也必然会收缩，于是人就会不由自主地闭上眼睛。

此时，如果你一定要逆道而行，要尝试一下睁眼打喷嚏的话，就很有可能使压力严重伤害泪腺导管，乃至使视神经受损！我们脆弱的眼睛可经不起这样的折腾呀，所以你还是不要尝试为妙，不然受伤害必定还是你自己！

知 识 一 点 通

打喷嚏的"征兆"

打喷嚏，在科学上已经确认是鼻黏膜受刺激所引起的一种防御性反射，可是在民间还流传着不少有关打喷嚏是发生某事征兆的说法。最常听见一种解释，便是打喷嚏意味着有人在想你，至今在一些农村地区还会看见这样的场景，如果某个小孩打了个喷嚏，妈妈就会说"外婆在想你了"，接下来便计划回娘家探亲了。另外一种解释，就是打喷嚏意味着有人在背后说自己坏话了。比如就有宋人在其书中记述到，"俗说以人嚏喷为人说"，这个"人说"就是有人在背后说自己坏话，而打喷嚏就是为了吐口水避邪。此外，也有人说意味着好事来临。不过这些都是没有科学根据的，只是一些比较有意思的风俗习惯而已。

53. 自己挠挠不觉痒，别人挠挠笑不停！

科学档案馆：

　　奥秘事物：挠痒

　　关键词：神经紧张　小脑

　　奥秘指数：★★★

　　相信大家都有过这样的经验，当有人猛然胳肢你的一些部位，如脚板心、腋窝等，你肯定会情不自禁地笑个不停，感觉痒痒的。可是，你自己去胳肢这些地方，却不会有什么反应。这是为什么呢？这是因为我们人体的神经反射和心理作用的缘故。痒，其实就是我们人体神经紧张导致的一种应激反射，怕痒的部位一般都是人的要害部位且神经末梢密集部位，这些部位一旦被外物接触，就意味着潜在的威胁，感觉到痒就是要人躲避这种威胁。而自己挠的时候，脑部自己会事先"沟通协商"，之前就已经知道自己哪里会被胳肢，轻重程度心里有数，于是就会发出一种"不会有危险"的信号，神经也就放松许多，自然就不会感觉痒了。

　　可是，其中有一个隐含的问题，我们上面只是笼统地讲脑部神经紧张，可是到底是大脑的哪个部位确切地控制着这个过程呢？很长时间内，人们都不得而知。最近，英国一名叫布莱克·莫尔的女科学家找出控制胳肢效果的确切部位——小脑。它位于大脑半球后方，主要功能是保持躯体平衡、控制肌肉紧张度、协调随意性运动，比如人喝醉后走路会晃晃悠悠就是因为小脑被酒精麻痹了。布莱克·莫尔招募了6名志愿者，在伦敦大学的实验室里进行一项研究，她先用一个机器胳肢被试者的手心，并用磁共振仪记录下脑电流的变化，然后让受试者自己胳肢自己，也记录下脑电流的变化。结果，她发现当被试者自己胳肢手心时，他大脑中的小脑就会发出一信号，通告人脑的其他部分不要对这种刺激给予反应，于是自己挠痒时就没有什么感觉。但是，当机器胳肢时，即便人预先知道他要被胳肢，小脑也不发出警告信号，于是人就会觉得痒了！

知识一点通

人脑的构造

大脑、小脑和脑干，是人脑的三个组成部分。其中大脑，由左右两个大脑半球组成，表面凹凸不平，而小脑位于大脑的后下方，由小脑半球和蚓部构成，脑干则是除了大、小脑之外的其他脑组织，如延髓、脑桥、中脑和间脑。大脑是神经系统的最高级中枢，各种分析器中枢如皮肤、听觉、视觉、嗅觉、味觉、内脏等等，都在大脑皮层中；小脑的主要作用则是维持肌肉的张力，保持平衡等；脑干的各组织也发挥着不同的作用，如延髓是管理呼吸、心跳等重要反射的中枢，而中脑与视觉、听觉有关等等。

54. 薄薄皮肤轻又轻，加总却是重中重！

科学档案馆：

奥秘事物：皮肤

关键词：面积　重量

奥秘指数：★★★

　　如果有人问你，我们体内最大的器官是什么，你会想到是皮肤吗？相信很多人在碰到这个问题时，肯定不会往皮肤上面想，不仅因为我们对它太熟悉了以至于会忘记它也是个器官组织，更因为它遍布全身，铺展得太开，但从某一局部来看根本不会把它跟重量联系到一起！可是，事实就是事实，不管你相信与否，皮肤就是最大的器官，并且它的重量也不轻！

　　皮肤的面积可以说几乎等于人体面积，成年人的皮肤往往可达 1.5～2 平方米。就连一些平常我们认为不是皮肤的地方，从广义上来说也是皮肤，例如手指甲、脚趾甲都是由皮肤角质化形成的。那么它是不是很重呢？答案是肯定的，虽然人体的皮肤只是轻轻薄薄的一层，但把这层薄薄的加到一起，就成为很重的了。比如说，我们内脏里最重的当属肝脏，正常人的通常有 3 斤左右，但人体皮肤加起来，则有将近 9 斤的重量，占到了人体重量相当大的比例。所以，千万不要小瞧我们的皮肤呀！

回过头，我们可以看看皮肤的构成是什么。皮肤，从外到内可以分为表皮、真皮、皮下组织和皮肤的附属器。人体各处的皮肤，有薄有厚，不尽相同，总体上看来眼睑部分的皮肤最薄，手掌、脚底的皮肤最厚。皮肤器官内含有大量的水分，一般会占到总重量的50～60%，而且人越年轻，所含水分就越高，这也就是老年的皮肤看起来没有年轻人那么光滑水嫩的原因所在。更有意思的是位于皮肤最外层的表皮，其细胞极容易脱落，据估计每天因摩擦或者擦洗而脱落的表皮细胞高达几百万个，所以你家中的很多灰尘都很可能是你自己的皮肤！如果把这些脱落掉的表皮细胞算上，皮肤就真是"重中之重"了！

 知 识 一 点 通

会吃人皮的螨虫

螨虫是一种形似蜘蛛的爬行动物。不过它的个头跟蜘蛛个头相比就是天壤之别了，并且其爬行速度也根本无法与蜘蛛同日而语。有人比喻道，对螨虫来说，从你房间的地板爬到墙壁，就像一个人从北京步行去拉萨那样艰难。我们的肉眼是无法发现它的存在的，但是我们的生活空间里存在着数不清的螨虫。只要你把自己房间里打扫出来的灰尘拿到显微镜下，就可以发现这些灰尘中有成千上万只螨虫在爬动。据科学家估计，大约每30克的灰尘当中，就有12万只螨虫存活，数量多得惊人！更让人吃惊的是，它是靠吃人的皮肤生存，不过还好它不是直接地寄生在我们皮肤上，而是食用人体脱落后的皮屑，所以对人体不会造成多大危害。

55. 两只眼珠真配合，遵守纪律齐行动！

科学档案馆：

> 奥秘事物：眼珠
>
> 关键词：眼外肌
>
> 奥秘指数：★★★

我们人体很多器官都是成双成对的，比如说有左手就有右手，有左腿就有右腿，有左耳朵就有右耳朵，可见我们人体还是挺讲究对称美的。可是，如果光是有对称美了，而这些成双成对的器官却相互之间缺乏默契，不能相互配合，那可就麻烦了！你叫它往东，它却往西，各行其是，那我们什么事情都干不成了！不过还好，对于正常人来说，器官们还是很"听话"，相互之间配合很默契，比如说你要从井中提水，双手就会密切配合，你拉一截儿我拉一截儿。

可是，如果有人要给人体这些成对器官按照默契度排个龙虎榜的话，那冠军肯定就是我们的眼睛了。它们时刻都是一起行动，真可谓是配合完美的典范，如果一个眼球朝上看，那么另一个决不会朝下看；一个向右看，另一个就决不会向左看。可见，它们是多么的默契呀！可是，眼睛为什么会如此配合呢？这跟人类的眼睛构造有关。医学家通过解剖发现，牵动眼球运动的是眼球周围

的六条肌肉，医学上叫着眼外肌。根据这些肌肉处于眼球周围的位置，可以分别称为：上直肌，位于眼球上部；下直肌，位于眼球下部；内直肌，位于眼球内侧；外直肌，位于眼球外侧；还有两个斜方向的肌肉，分别是上斜肌和下斜肌。眼球每次运动，都是由于这六条肌肉运动导致。两个眼球都分别有六条肌肉，加起来就是六对眼外肌，它们受大脑的统一指挥，就像军人接受军官的命令一样一起行动。所以，当大脑发出"向左看"的命令时，左眼的外直肌和右眼的内直肌就拉紧，而左眼的内直肌和右眼的外直肌就放松，从而使两个眼球都向左转。

也正是由于眼睛密切配合，形影不离，我们看到的事物才能总是一个。

"偏心眼"的眼睛

老师经常会让同学们课间多出去活动活动，多眺望一下远处的绿色树木，好让眼睛放松放松。你可别以为老师就是随便说说而已，这可是有科学根据的，因为人的眼睛最喜欢绿色，看绿色的东西，让眼睛感到最为轻松。为什么眼睛最喜欢绿色呢？这是由各种颜色对光线吸收和反射能力不同导致的。一般来说，在各种颜色中，红色和黄色对光线的反射能力最强，而吸收能力则较差，因此容易耀光刺眼；而青、灰色和黑色对光线的反射较少，吸收较多，显得很暗，并不招眼睛喜欢；而绿色恰好适中，吸收和反射相当，所以对人体的神经系统、大脑皮质和眼睛里的视网膜组织等刺激都比较适中，从而受到眼睛的欢迎。

第三章

奇特的植物王国

56. 草木并非无情物，情感世界亦多彩！

科学档案馆：

奥秘事物：植物

关键词：情感

奥秘指数：★★★★

俗话说"人非草木，孰能无情"，反过来就是说草木无情，可是真的是这样吗？当然不是，草木也有自己的感情世界，它们也有自己的喜怒哀乐，更有自己的爱恨情仇！

科学家研究发现，有些植物会相互吸引，成为好朋友，而有的植物却是相互排斥，互视为仇敌！例如，洋葱和胡萝卜就是一对很要好的朋友，它们之间互助友爱，彼此发出的气味可驱逐对方身上的害虫；而卷心菜和芥菜之间可谓是有着"血海深仇"，只要它们呆在一起，结果必定是两败俱伤。更为奇妙的是，科学家通过实验证明植物对痛苦也是有反应的，例如前苏联科学家把植物根部放入热水中，结果通过仪器可以发现植物会发出绝望的呼叫声，让人听则生怜。还有科学家证明，植物跟动物一样，当遭遇到恶劣环境时也会产生紧张情绪，经常处于紧张情绪状态的植物往往都生长不好，严重者甚至枯萎而死。

植物的情感世界，在欣赏音乐方面表现得最为突出。早在我国清代就有人记载道：一次，一名叫侯崇高的读书人在房里弹起悠扬的古曲时，院子里的菊花不久就舞动起来，而此时外面却是一点风也没有，它们都是"闻琴而舞"。后来，科学家们通过严格实验证明了，植物是会欣赏音乐的。比如说，美国科学家在两间长有西葫芦的房里，分别播放摇滚音乐和古典乐曲，过一段时间后，会发现彼此的反应完全不同：播放摇滚音乐的房里，葫芦藤都是背着播放机而长；而播放古典音乐的，葫芦藤却是跟播放机"亲密接触"——缠绕到播放机上。于是，在印度还有人把植物这一特性用于生产，给水稻播放它们爱听的音乐，结果水稻大大增产。

由此可见，植物虽不会表露感情，但它们内心深处还是有属于它们自己的一方情感世界。

植物也会讲话

上个世纪70年代，一名澳大利亚的科学家发现了一个惊人的现象，就是植物也是有"语言"的。他在植物茎上安装了微型扩音器，结果发现当植物受到严重干旱缺水时，就会发出"咔嗒咔嗒"的响声，它是由植物内部那些微小的输水管震动而产生的。不过，他做了一个非常有意思的解释，认为这也许是植物渴望"喝"水而发出的一种"特殊语言"。后来，很多科学家也发现了类似的现象，例如加拿大的科学家发现当玉米等作物缺乏水分供给时，就会发出一种"响声"，并且声音的强弱跟缺水的程度成正比，也就是说如果植物越缺水，它发出的响声就越大！

57. 常见虫子啃树叶，也有树木食虫子！

科学档案馆：

奥秘事物：猪笼草

关键词：吃虫子

奥秘指数：★★★★

动物啃植物，天经地义，可是植物反过来吃虫子，就有点不可思议了。奇怪归奇怪，世界上确实存在着会吃虫子的植物，而且不止一种，科学家统计出的数据达到了500多种，人们把它们叫作食虫植物。

食虫植物之所以能够吃虫子，是因为它们长有各种精巧的捕虫器。比如在我国南方的云南、广东等省，生长着一种叫作猪笼草的绿色小灌木，就具有这个特殊的本领。猪笼草的捕虫器，是位于它每片叶尖上的"小瓶子"，形状酷似南方人运猪用的笼子，其设计精巧、复杂，可谓是食虫植物里的佼佼者呀。这些小小的叶笼，颜色鲜艳，并且在其笼口分布的蜜腺可以散发芳香，于是很多昆虫在"色"、"香"双重诱惑下，就会自动地投怀送抱。可它们没想到的是，它们的噩运也就要来临了，只要它们一接近笼口，由于笼口内壁具有蜡质因而极其光滑，一不小心就会掉到"小瓶子"瓶底。此时，瓶盖就会自动关上，而瓶子里又贮有弱酸性的粘液，昆虫很快就被粘液粘得牢牢的，想跑是跑不掉的。此外，比较有名的食虫植物还有捕蝇草，它的捕虫器也挺独特，由两片叶子组成，且叶片边缘上长有长针，类似于"贝壳"，可以自由闭合。

那么这些植物为什么要吃虫子呢，它们不是可以自己制造营养吗？是的，绿色植物都是通过光合作用自给自足，这些食虫植物也不例外。它们之所以要吃虫子，可不是因为好玩，而是因为可以通过进食一些虫子来补充自己缺乏的某些营养。例如科学家们研究发现，好多食虫植物的祖先都生活在缺氮的环境中，它们的根系又不发达，吸收矿物质养料的能力较差。为了获得它们所不足的养料，经过长期的自然选择和遗传变异，一部分叶子就逐渐演变成各种奇特的捕虫器，就可以通过捕食虫子来补充营养了。

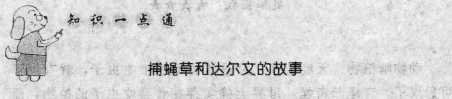

知 识 一 点 通

捕蝇草和达尔文的故事

在所有的食虫植物中，捕蝇草可以说是人们最熟悉的并且被科学家研究最多的一种植物。早在一百多年前，伟大的生物学家达尔文就精心地研究过它，称它为"世界上最奇妙的一种植物"。达尔文敏锐地观察到，长在捕蝇草叶片边缘上的长针受过一次刺激后，需要间隔一定的时间后才开始运动。于是他推测，一定有类似动物神经的电脉冲信号从长针传到诱捕器的运动细胞上，从而产生运动。此外，他还发现捕蝇草即使在昆虫死后也还会紧闭一段很长的时间。后来科学家在这个发现的基础上，提出捕蝇草事实上有两种运动，一种是快速的捕捉运动，另一种则是慢速的消化运动。

58. 常见动物是胎生，有些树木亦如此！

科学档案馆：

奥秘事物：红树

关键词：胎生

奥秘指数：★★★★

我们都知道，很多动物小宝宝都是先在动物妈妈肚子里呆上一段时间，等发育成型后才从妈妈肚子里钻出来，也就是说它们是"胎生"的。可你肯定想不到，在植物世界里也有胎生的！这便是红树，它普遍生长于热带和亚热带的沿海地区，抵挡风浪、拦截泥沙、保护海岸，就好比是一堵绿色长城，也被称为海岸卫士。

一般的树木，都是种子在母体内发育成熟后便会挣脱母亲的怀抱，掉落到地上或者是随着风儿、水儿跑得远远的，找到一块安身之处，慢慢吸收养分，之后发芽，破土而出，开始了一生漫长的旅程。可是红树不是这样，在它的树枝上常常悬挂着一条条小木棒状的东西，它可不是果实，而是正在生长着的小红树，它通过拼命地汲取母树那清淡爽口且富于营养的汁液从而"长大成树"。小红树们在妈妈肚子里往往需要呆上半年以上的时间，等着身体长到足够大，只要一阵风吹来，幼苗们就会垂直地掉下，落入海边淤泥之中，在短短几个小时就能生根，长成能够独立生活的小树。

那红树为什么会选择如此独特的方式生儿育女呢？这跟红树所处的生活环境有紧密关系。我们都知道，海边常常是风起浪涌，环境恶劣，而海水也是又苦又咸又涩，普通树木压根就不能在如此恶劣的环境中生存。对于红树妈妈来说，它们已经习惯了这样的环境，可对于红树的种子们而言这个环境就太恶劣了。小种子根本就无法找到一个安身之所，就是找到了，这些盐水也根本无法提供足够的水分和养分让它们成熟与发芽。而"胎生"方式可以让红树的后代长到足够强壮再自立门户，那时也就有了抗争的资本。所以，不仅红树，海岸边生长的一些其他树木，如红茄冬、角果木、秋茄树等等，也都选择"胎生"。

知识一点通

"胎生"的早熟禾

在我国，有一种特殊的"胎生"草本植物，叫作早熟禾，广泛生长于西部地区的陕西、甘肃、四川和青海等省的草甸、山坡和河滩砾石中。它们在雨季会迅速生长、开花、结果，到了干旱的秋季，早熟禾茎秆顶上小禾穗中的籽粒早已是熟透了。但这些籽粒并不会脱落下来，而是继续停留在禾穗中，并且开始怀孕进而萌发出幼苗。不过，这些幼苗也不会脱落下来，而是要继续呆上几个月，等到雨季一来临，籽粒就会自动落到地上，籽粒中的幼苗就会很快生出根来，并迅速长成长大，变成小植株了。它们之所以采取胎生这种方式养儿育女，也是为了适应当地干旱气候自然演变而成的。

59. 动物会分公与母，植物也有男与女！

科学档案馆：

    奥秘事物：花朵　果实

    关键词：雌雄

    奥秘指数：★★★

    动物，一般都有雌雄公母之分，这一点也不奇怪。可是，有些植物也要分成"男男女女"，就多少让人感到不解了。其实，因为植物跟动物一样，也都是进行有性繁殖的，所以植物分为公母是再正常不过了。

    不过，植物的"男女之别"，跟动物的雌雄之分有很大的不同。大多数植物，在它们的同一朵花中既有雄花蕊，也有雌花蕊，好比桃花；有的是雌花和雄花虽然长在同一株上，但是分别是两朵不同的花。比如西瓜花就是这样，结瓜的花就是雌花，而不能结瓜的花就是雄花，它们同时长在一根瓜藤上。这两种特色的植物，虽然也分男女，不过都是在同一株上，也可以看成是没有性别之分。而有些植物又不同，雌雄分得清清楚楚，虽属同种但不同株的性别不同，这种称为雌雄异株。比如银杏就是如此，雄株只开雄花，而雌株只开雌花，人们可以通过观察它们的枝、叶、花等外部形态或者通过特定的化学鉴定，来加以区别。

更有意思的是，人们发现不仅植物本身可以分为公母，就连它们的果实也有"男女"之分。例如，苹果就分成了雌苹果和雄苹果，而且雌苹果要比雄苹果好吃，人们可以通过观察苹果的果蒂来区分苹果的雌雄。一般而言，果蒂小的是雄性果，往往是汁少皮厚、酸涩难耐，而果蒂较大者为雌性果，往往是汁多皮薄、甘美爽口。再比如荔枝，我们可以通过观察它壳上的"刺"来区分荔枝的公母，"刺"若为针尖状即是雌荔枝，反之若为圆形便是雄荔枝。其他一些好吃的水果，如梨、橙子、橘子等等都是分"男女"的，如果你能清楚区分它们的性别，在购买时挑选雌果，那肯定要更划得来了！

 知 识 一 点 通

长寿的银杏

我国被称为银杏之乡。全国各地到处可见寿命达到几百年甚至上千年的银杏树。它们好几百岁了仍然可以年年开花，岁岁结果，它们的寿命之长，堪称植物王国的状元郎。它们的适应性也极强，从冰天雪地的东北地带，到烈日炎炎的南方热带，都可以觅见它们的踪影。银杏树为什么既长寿又具有很强适应能力呢？这跟它发达的根系有莫大的关系。银杏树生长得很慢，一般需要15～20年以上才会开花结果，这么长的时间，它都用来打地基了。所以它们的根往往扎得很深很深，有助于银杏树抵抗各种不良的环境，受到外界环境变化的影响相对就小，于是可以在同一个地方存活很长很长的时间。

60. 动物世界变色龙，植物王国变色花！

科学档案馆：

奥秘事物：变色花

关键词：花青素类胡萝卜素

奥秘指数：★★★

　　人们听到变色龙总是会萌生好奇之心，会想探知它们变色的原因。可是你知道吗，不光是动物世界里的变色龙会变色，植物王国里也有变色族——"变色花"。而且数量不在少数。比如说我国云南的西双版纳密林中，就有大量花朵和变色龙一样，会随着时间、温度的变化，时而洁白，时而淡绿，时而嫩黄，时而深紫等等，不停地变化着颜色，甚至根本就没有规律可循。其中一种叫作嘉兰的植物，花瓣刚开始为绿色，次日花瓣的中部就会变成黄色，瓣尖变为鲜红色，而瓣周镶嵌着金边，而再过三天，花的茎部、中部分别由绿色、黄色变为金黄、橙红直到鲜红，如此一来从远处望去就像是一团熊熊燃烧的火焰。那么是什么因素导致花儿会不停地变换颜色呢？换句话说，花儿变色的原理是什么呢？科学家们通过研究发现，这跟花边细胞里含有的花色素有关。

　　经过科学家大量的研究发现，所有花瓣细胞的细胞液里存在着一类叫作花色素的物质，其中两类最为重要，分别为花青素、类胡萝卜素。不同花朵的颜色不同，就是因为花朵体内具有不同的色素。但是，对于一些花朵而言，它们的体内各种色素并不是恒定的，而是会随着时间、气候转变而转变，所以就会出现变色的现象。不过，科学家发现导致花朵体内各色素此消彼长的原因，在于花瓣细胞的酸碱性程度的改变，当细胞液是酸性时花色素呈红色，是碱性时花色素为蓝色。例如棉花，刚开始时花瓣中是无色花青素和一些黄色素，两者合起来花就呈乳白色，稍带黄色；花开后，阳光充足时，花青素产生较快，加上棉花呼吸作用产生酸，使花瓣酸性增强，所以花就呈现红色，后来越变越红，直到变成紫红色。

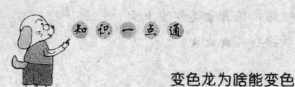

知 识 一 点 通

变色龙为啥能变色

变色龙，又叫着避役，是一种会变色的动物。它生长在非洲大陆和马达加斯加，是爬行类动物蜥蜴的一种，一般长约25厘米，而身体侧扁。它在动物界里的名声全靠它能够变色赢来，它会为了防御外来侵害，随着栖息环境的变化而不断地变更自己的体色，从而可以保护自己。变色龙之所以有此变色的本领，是因为它的表皮上有一个变幻无穷的"色彩仓库"，其中储藏着绿、红、蓝、紫、黄、黑等各种色素细胞，一旦周围的光线、湿度或温度发生了变更，那么有的色素细胞便会增大，而其他一些色素细胞就相应地缩小。于是，变色龙通过神经调节可以随心所欲地变换身体上的颜色。

61. 光棍树木好独特，不爱绿装爱光身！

科学档案馆：

　　奥秘事物：光棍树

　　关键词：抗旱

　　奥秘指数：★★★

　　如果你有机会去东非和南非的热带干旱地区旅游的话，一定会欣赏到一种被人们形象地称为光棍树的树木。它长得非常奇异而有趣，因为它一年到头树上不长叶子，即使要长也是孤零零的几片，剩下全是一些光溜溜的绿枝，就好像没穿衣服一样，完全暴露在外面。由于它的枝条碧绿，光滑且有光泽，所以人们又把它们称为绿玉树或绿珊瑚。不过，你千万不要看到它光秃秃的，十分可爱，就忍不住地上前摸摸它。因为它长有一种白色的乳汁，那可是有剧毒的，一旦不慎让它们滴入你的口、耳、眼、鼻或伤口中，后果将不堪设想。

　　为什么光棍树仅有绿色的枝条而没有叶片呢？这跟光棍树生长的环境有莫大的关系。现在，虽然我们通过栽培技术可以把光棍树移植到世界上各个地方，但是你不要忘了，它们的原产地可是世界上最干旱炎热的非洲沙漠地带。那里不仅烈日炎炎，而且降水量极少，很多动植物压根就无法在此存活下去。可是，也有一些动植物通过自然选择和不断进化，逐步地适应了这里的气候环境条件，而光棍树就是为了适应恶劣环境气候而不长叶子的。一般来说，树木越是枝繁叶茂，蒸发掉的体内水分就越多。对于生长于水分充沛地方的植物来说，这没有多大关系，可对于生长于极度干燥地带的植物们来说，就生死攸关了。光棍树，为了减少水分蒸发，从而降低水分需求，在不断进化的过程让叶片慢慢退化直至消失，但它的树干却变成了绿色，从而可以代替叶子来进行光合作用。这样一来，既满足了植物进行光合作用的需要，同时也达到降低水分蒸发的目的，一举两得，何乐而不为呢？

如果把光棍树种植在温暖潮湿的地方，它会长出一些小叶片吗？完全可能，因为此时光棍树为了适应湿润环境，需要生长出一些小叶片增加水分的蒸发量，从而保持其体内的水分平衡。

沙漠饮水站——旅人蕉

旅人蕉，有沙漠饮水站的美誉，如果在沙漠地带旅行的人有幸遇到这种植物，那就可以尽情享受它体内所含的清泉了。它的"身材魁梧"，高达 20 米左右，粗约 50 厘米，叶子也是既粗又长，可达 3～4 米。更为奇妙的是，在它粗大的叶柄基部贮藏着大量的水分。旅行者口渴时，只要在它的叶柄上划个小口，就好像拧开一个自来水龙头那样，顿时便有新鲜而清凉的水流出。只要你张开嘴巴，就可以尽情享用了。而且你不用理会它体内的水会不会因为划了口子流尽了，因为到了第二天，它就会自动愈合伤口，就好像是自动地把水龙头给拧上了，过不了多久它便又可以为行人供水了。

62. 花儿常在枝头开，可见花儿叶上放？

科学档案馆：

　　奥秘事物：青荚叶

　　关键词：叶上花

　　奥秘指数：★★★★

　　我们平常看到的花儿一般都是长在茎、枝或者树干上，但是偏偏有些植物却把花开到叶面上，我们可以姑且称之为"叶上花"，比如青荚叶就是如此。那青荚叶是一种怎样的植物呢？它是一种小灌木，高约1～3米，其叶子是长条形且边缘呈锯齿状，每当到了初夏，它就会开始开花；青荚叶可以分为雄青荚叶和雌青荚叶，它们是不同株的，但不论是雌是雄，开出的花都是长在叶面中间的叶脉上，不过雄花往往是5～12朵聚生在一片叶子上，而雌花则是1～3朵簇生在一起；它的整个花期会持续4～5个月，到了秋天，雌花就会开始结果，未成熟时是绿色，等到完全成熟后则变成黑色，这些圆圆的果实长在叶子中央，就好似是碧盘托珠，甚是奇妙！

　　科学家通过研究发现，有些植物之所以选择叶上开花，在于此种方式可以对植物本身产生极大的益处。例如，叶上开花可以更有利于它们传粉从而繁衍后代。我们都知道，植物尤其是雌雄异株的植物，如果要繁衍下一代，就必须依靠昆虫来传粉。在大自然中依靠昆虫来传粉的植物不计其数，青荚叶一没有艳丽的色彩，二没有扑鼻的芬芳，如果它长在不起眼的地方，就很可能无"虫"问津了，如果它把花开在叶面上，白色的花在绿叶衬托下就会比较明显了，也就有了吸引昆虫的资本了。再说，花柄和叶脉合并到一起，可以增加花儿的牢固性，从而也就具有更强的能力抵抗大风、暴雨了。所以，虽然叶上开花的植物很少，但这也是一个自然选择、适应环境需要的结果。

以前，青荚叶一般都是野生的，现在通过人工栽培可以移植到室内供人观赏，所以你如果有兴趣的话，可以自己在家中种上一棵，欣赏欣赏！

奇异的"花中之花"

叶上开花就已经够稀奇了，如果有人说还有花儿开在花之上，那简直就是让人难以置信了！不过，二十多年前在安徽省合肥市就发生过这样奇特的现象。有人观察到一株月季花，在一朵开放的花儿的花心上又长出一个花梗，并长出花蕾，没过几天还开出一朵小花。真是让人不可思议！科学家认为，这种奇特现象是因为这株月季花发生了返祖的现象。事实上花儿最先都是叶子，也就说花朵是由于进化导致了的变形叶子。如果花儿身上发生返祖现象，花冠的颜色会变绿，在正常开花的部位会长出小叶子，于是就会再开一次花，形成花中之花的奇特景象。

63. 花生结果真独特，地上开花地下结！

科学档案馆：

　　奥秘事物：花生

　　关键词：果针

　　奥秘指数：★★★

　　相信多数人肯定吃过花生，可是却不一定知道花生具有一个独特的习性，那就是它是地上开花却地下结果。花生的花朵跟其他豆类植物一样，都是蝶形，而且同一朵花中同时具有雄蕊和雌蕊。不同的是，它的花朵受精后，花朵子房基部的子房柄就会开始迅速地分裂成长，约经3～6天就可生长成为一种绿色带紫的棍状物，称果针。而此时花生子房位于果针的末端，从外形来看类似于一个锥状的保护帽。果针与根一样具有向地性，会不断地往下生长，从而将子房送入土中，如此达到一定深度后，子房就会开始向水平方向生长发育而形成花生果。由此可见，我们可以用一个字来形容花生结果的过程，那就是"落"，通过果针往下落从而把花生子房顶入土中，从而让花生们在地下修成正果。

　　可花生为什么要如此做呢？它既然是在地上开花那就好好地在地上结果不就行了吗？这是因为花生的子房只有在暗处才能生长发育成熟，才能结出果实来。有人做过这样一个实验：他们事先准备好一个透明的瓶子，在这个瓶子里装入花生成长所需的各种营养液，并且这些营养液都是透明的，然后把花生果针插入瓶子里，看是否还能结出果实来？结果发现，此时果针顶端的子房不会再膨胀，也就不会长出果实。但如果给这个玻璃瓶穿上衣服，使得玻璃变成避光的了，子房就能胀大结果。可见，花生钻入地下结果，最主要的原因是为了逃避阳光的照射，它可真是娇贵，受不得半点阳光呀！

所以，避光不避光决定了花生结不结果。但土质好坏，适合与否则会决定花生果实是好是坏，这是因为果针钻入土中后，一定程度上就扮演着花生根的功能，它会不断地从土壤中吸收水分、养分等等，如果此时营养不良，那结出来的果实往往就会较次了。

 知识一点通

千姿百态的种子

植物的种子，五花八门，千姿百态，无论是颜色、形状、大小都不一样。植物种子各色俱有，就是同一种植物，其种子的颜色也多种多样，就拿菜豆来说，白、黄、褐、红褐等等都有。有些同一颗种子就具有不同的颜色，如有名的相思豆，其种子的颜色一半是红，一半是黑，对比鲜明，让人生爱！种子的形状更是不一样了，有些种子甚至长刺，只要人或动物碰上，就会粘在衣服或毛皮上；有的还长长钩，例如一种叫作鹤虱的植物种子，前段长有倒钩，如果一旦被它挂上，就很难脱落！种子们的个头也是有大有小，大的可以长得比篮球还大，小的却不到1毫米，相差之悬殊，堪比天壤之别！

64. 经常运动身体棒，植物也有健身族！

科学档案馆：

　　奥秘事物：植物运动

　　关键词：苏醒树　长叶舞草

　　奥秘指数：★★★

　　动物们能跑、能跳、能走、能翻跟头，这一点也不稀奇，可你想得到吗，在植物世界里也有运动健将？比如人们常说的含羞草，只要你轻轻触动一下它的叶子，它就立马会把小叶子合起来，接着叶柄也萎软下垂，好像一名羞答答的少女一样，把"头"低下来。这还不算稀奇，有的植物甚至会"走路"。例如，在美国的东部和西部地区，人们发现了一种叫作苏醒树的植物，它就是一种会"走路"的植物。由于它需要大量的水分才能生存下来，所以它通常需要寻找一个水分充沛的地方安顿下来，可是往往由于气候变化或者环境改变，某地变得干旱缺水后它就不得不考虑挪窝了。于是它会自动地把根从土中"抽"出，然后把它们卷成一个球体，只要一刮风，就可以借助风力把它们带到有水的地方，落地后再把卷曲的树根舒展开来并插入土中，开始新的生活。

　　在植物运动一族中，甚至还有舞者，比如在我国南方地区，生长一种叫作长叶舞草的草类，它就可以"跳舞"。一株舞草一枝上通常长有三片叶子，排列成类似于扑克牌中"梅花"形状，中间叶子大，两侧叶子小。在白天，舞草的小叶，就会开始跳舞，一会儿同时向上合拢，然后又慢慢地分开舒展，就像是彩蝶在轻舞双翅；一会儿又会出现一片向上而另一片向下，好似跳累了舒展舒展翅膀。更为奇妙的是，在同一株舞草上不同叶子，舞速有快有慢，有时会同时翩翩起飞，就像是在开一个盛大的舞会一样！有科学家指出，舞草之所以不停地跳舞，并不是兴致所至，而是为了满足客观的生理需要，它们是通过朝着太阳的方向舞动叶子，从而吸收更多的阳光来进行光合作用，为自己生长提供更多营养。

由此可见，植物们运动同样也是为了身体健康，可以说也是"健身族"！

"会搬家"的含生草

在沙漠地带，经常可以见到一些微不足道的小草，虽然它们毫不起眼，但个个都是抗旱的"勇士"。其中一种叫含生草的草本植物，就非常能够抗击干旱。含生草生长在沙漠地区，当天气极干燥无水时，它就会掉落所有的叶片，但它们正在形成的果实种子却不会掉落，然后枝条就会向内团弯，变成一个球体。这时如果稍稍有风就会连根而出，整个球形体就会开始滚动起来，等到了一个潮湿的地方再落地定居，枝条重新打开，果实就会进一步生长直至成熟。含生草，通过"搬家"的办法来逃避干旱，所以它又被叫作"搬家草"。

65. 茂密森林树木多，为何棵棵是圆形？

科学档案馆：

奥秘事物：树木

关键词：圆形

奥秘指数：★★★

不知道你注意过没有，从参天大树到娇小灌木，所有树木的树干横截面几乎都是圆形或者近似圆形，你绝对发现不了方形抑或三角形或者其他任何形状的树干！那你知道树干为什么会是圆柱形的吗？告诉你吧，这是由于自然选择和进化的结果，圆形树干具有其他形状树干所不能给予的好处。

这主要表现在三个方面。最主要是由于圆形可以给予树木最大的安全度。我们都知道，树木通过树根吸收的水分和营养，都是通过树皮传递到树叶上，所以很多树木被剥皮后往往就会死掉，是因为此时皮层中断，传输营养的渠道也就没有了。而如果树干不是圆形的，而是其他形状，就会有棱有角，会有突出部位，如此一来，这些突出部位就极容易受到冲击伤害，导致牵一发而动全身，整棵树木就会处于危险之中。反过来看，圆形就有极大的优势避免这一点，因为圆形各个方面都是平坦而没有突出部位，而且风暴极容易沿着圆形树干的切线掠过，从而危害就降到最低。

其次，还在于如果一个重物压在圆形物体上，圆形物体各处受力均匀，也就相对地能承受最大的压力，所以圆柱形树干能够提供最大的支持力，全凭一根树干支撑起蔓延的树冠以及沉沉的果实。而圆形树木还带来一个意想不到的结果：假设存在两棵表面积一般大小的树木，一棵为方形，一棵为圆形，你猜哪棵树木更小呢？告诉你吧，肯定是方形，因为在同等面积下，底边为圆形的圆柱形体积最大。所以，圆形树木也就能够最大化地供给材料了！

由此可以得知，树木之所以把自己塑造成圆形的，可不仅仅是美观，更主要的是为了更好地在自然界中生存下去。

知 识 一 点 通

"独木成林" 的榕树

在广东省新会县一条小河河心的绿色小岛上，生长着一片茂密的树林，不过不是由很多棵不同的树木组成，而是由一棵榕树构成的。这棵榕树占地面积达十余亩，树身周围许多粗细不等的树干纵横交错，共同支撑着巨大的树冠，远远望去就是一片树林。这还不是最大的，在孟加拉国有一棵更大的榕树。它已经走过了900多个春秋，树高达40米。据统计共有600多根树干支撑着这棵榕树的巨大树冠。如果你知道此棵榕树树冠的阴影面积，肯定要瞠目结舌了，它竟达42亩之多，可以同时容纳上万人在地上乘凉。

66. 人有血型很正常，没想植物也模仿！

科学档案馆：

奥秘事物：植物血型

关键词：血型糖

奥秘指数：★★★

人类血液具有不同类型，大体上可以分为 O 型、A 型、B 型和 AB 型四种，这是人所共知的常识。动物拥有不同的血型，也毫不奇怪。可是要是有人告诉你，就连没有血液的植物也有血型，你相信吗？日本法医山本茂肯定会坚定地告诉你，植物也是有血型的。他偶然对 150 多种蔬菜、水果和 500 多种植物的种子进行化验，结果他发现其中 19 种植物和 60 种植物种子出现了血型反应。在这显现出血型的 79 种植物中，半数为 O 型，其余的为 B 型和 AB 型，但可惜的是没有发现具有 A 型血型反应的植物。在这些研究的基础上，他首次向世界宣布，植物也是有血型的，不过它跟人类不同，只具有 O 型、B 型和 AB 型，而没有 A 型。他的这个发现一宣布，就引起了广大植物学家们的兴趣，并引发了大量研究。

可是，植物不是没有血液吗，为什么却会有血型反应呢？科学家们通过研究发现，虽然植物体内不含有血液，但是它们含有血型物质。人体的血型之所以不同，在于血液里红细胞的一种特殊抗原物质缘故，不同的人具有不同的抗原物质，从而导致人的血型不同。植物虽然没有血液，更没有红细胞，但它体内含有类似于附在血液红细胞表面的血型物质，即血型糖。而人体的血型恰好也是由血型糖来决定的，四种血型分别对应四种不同的糖分。如果某些植物体内也含有相同的物质，自然也就会有血型反应了，而它之所以没有 A 型反应很可能因为植物体内不含有 A 型血液对应的血型糖分。科学家们通过研究还发现，植物体内的血型物质对于植物的生长发育至关重要，除了帮助植物贮藏能量外，还担负着保护植物的任务。

山本茂的故事

山本茂，是第一个宣称植物是有血型的人，揭开了人类认识植物的新篇章。不过，他发现植物也是有血型的完全是出于偶然的机会。他本身并不是一个专职的科学家，而只是日本警察科学研究所里的一名默默无闻的法医。一次他担任一起凶杀案的法医鉴定官，意外地发现了一个奇怪的现象，即在现场有一个未粘有任何血液的枕头竟然会有 AB 血型反应。他对此感到难以理解，于是他把枕头拆了，对枕头内装有的荞麦皮进行血液鉴定，发现荞麦皮有 AB 血型反应，即其显示出 AB 血型的特征。然后，他受此启发才做了上文开头所讲的那个实验，并第一次向全世界宣布植物也有血型，震惊全世界！

67. 艳花不香素花香，色彩气味难兼得！

科学档案馆：

  奥秘事物：花儿

  关键词：色彩 香味 传粉

  奥秘指数：★★★

  俗话说，"好花不香，香花不好"，指的是花朵色、香难以两全。花儿如果特别艳丽好看，往往就没有什么香气，而一些相貌不怎么出众的却很可能香得沁人心脾，可见色、香好比是鱼与熊掌不可兼得呀！据科学家对4000多种植物的花儿进行调查，发现花色越浓艳，香气就越淡；花色越浅，香味越浓。在香花中，以白色居多。例如"茉莉花"的歌词中唱到，"好一朵茉莉花，好一朵茉莉花，满园花开香也香不过它"，可见它香气多么的出众！可以力压满园的花朵，真是香气逼人呀，可是它却没有娇艳的色彩，它的花朵都是洁白的。一句话"色彩气味难两全，艳花不香素花香"！

  事实上，这种现象是为了满足花儿的特定生理需要而产生的。我们都知道，植物从开花到结果大多需要授粉，而授粉主要有两种方式，一种是靠风来传粉，这些植物称风媒传粉植物；一种是靠昆虫来传粉，这些植物称为虫媒植物。对于风媒传粉植物而言，它们是香是臭，是艳是素，对于它们能否成功传粉从而繁衍后代，没有多大干系；可是如果是虫媒传粉植物，那色、香就有很大的干系了，因为花儿往往需要依靠施展自己的魅力来吸引昆虫到自己身边来，从而替它们做媒传粉。如果花儿不能色诱昆虫，那就得朝香气方面发展，从而可以香诱昆虫了。一句话，那些相貌不出众的花儿为了满足传种接代的需要，就需要通过释放自身体内的香气把昆虫吸引过来，从而实现传粉、结籽、传代的目的。由此可见，花儿开不是因为要给人欣赏的，花儿香也不是因为要让人舒适的，都是为了满足其自身的需要！

相互倚重的花与虫

在虫媒植物中，有些花儿在长期的生活中跟某种特定的昆虫建立了亲密无间的"友谊"关系。它们只选择自己的好朋友来帮自己"做媒"，所以如果没有这种匹配的昆虫，那些花儿就不会结果；同样的道理，失去了那些花儿，昆虫也可能难以存活。这种花儿与某种昆虫相互配合的例子，在自然界中有很多，比如一种叫作丝兰的植物，给它传授花粉是一种特别的蛾，如果丝兰生长的地方没有了这种蛾，那丝兰花肯定就不会结果；反过来，如果蛾的世界里没有了丝兰，它也会死亡。所以每当丝兰枯萎了，这种蛾也就会死掉，好像是给丝兰殉情似的，可见它们的关系多"铁"呀！

68. 树若剥皮难成活，独有栓皮栎不怕！

科学档案馆：

> 奥秘事物：栓皮栎
>
> 关键词：树皮 软木
>
> 奥秘指数：★★★

俗话说，"人要脸，树要皮"，题外之意便是树皮对树来说非常重要，正如人脸对于人来说那样。事实上，绝大多数的树木都是害怕剥皮的，这是因为树木用来运输食物的管道正好处于树皮层中，一旦树木被剥皮了，也就切断了运输食物的道路，那树根因为得不到有机营养有可能会被饿死。一旦树根饿死了，树木自然也就饿死了。所以，一些树木即使烂心了，但树皮保存得较好，还是能够存活，而反过来就只有等死了。

可是，有一种树就本领突出，一点也不怕被剥皮！这就是栓皮栎，它是一种落叶的乔木，高可达 25 米，生长于世界各地，但集中在北非地中海沿岸的国家。它的树皮，有一个专有的名称，叫作"软木"，这是因为它的树皮质地特别轻软，触摸柔和如棉絮。因为这一特性，早在两千多年前，人们就开始从栓皮栎树上剥下它们的皮层，把它们用于日常生活与生产中。例如早在公元前三世纪，埃及人就用它做渔网，一些国家的人们还用它来制作鞋底、桶盖、瓶塞等等。现在，它的用途更为广泛了！

那你要问了，为什么别的树木一被剥了皮就会死去，而它为什么可以不怕这个呢？这得从栓皮栎树干的构造说起。人们发现，栓皮栎树干可以分为三层，从外往里分别是软木层、软木再生层和木质部。它的软木层往往较厚，比如说一棵15cm粗的幼树，它的皮层就厚达2cm，随着树木逐步成长，它的皮层也会逐步变厚，最厚可达15cm。如果人们把它的最外层的软木全部剥去，虽然会在一定时期内影响到树木的新陈代谢，但是由于它还有一个独特的树层——软木再生层，它具有再生软木的能力。所以栓皮栎剥去外衣后，新的软木又会逐年逐年地重新长出，让它们能够继续活下去。

知 识 一 点 通

树木的"血管"

植物体内各种物质的运输，主要有两条渠道，一条是把树根从土壤中吸收的水分以及溶于水中的无机盐，通过"导管"输送到植物的叶子上；一条便是"筛管"，它负责把叶子制造出来的葡萄糖等有机物质，从叶子传递到植物的根部以及植物的其他器官处。无论是导管还是筛管，它们都是一些特化了的植物细胞连接成的管子，不过二者在树木体内的分布却很不同。导管散布于植物体内各处，纵横交错，交织成网，就好比我们人体的血管贯穿人体全身那样；而筛管，它通常都位于植物的树皮中。但不管怎样，导管和筛管一起构成了植物的运输系统，共同担负着繁忙的运输任务！

69. 夜夜犯困需睡觉，植物也是要睡眠！

科学档案馆：

　　奥秘事物：植物

　　关键词：睡眠运动

　　奥秘指数：★★★★

　　别看花草树木一天到晚地立着，好像不知疲倦似的，其实它们也是需要休息睡眠的。比如，我们在公园里可以经常看到一种叫作合欢树的树木，如果你仔细观察它的话，会发现一个非常有意思的现象：在晴朗白天它的叶子会非常舒展，但一到晚上这些叶子就会双双对折闭合起来，就好比是我们临睡前要把门窗关好一样。再比如，有"睡美花"之称的睡莲，每当太阳东升之时，它就会定时醒来，然后伸伸懒腰，它那美丽娇艳的花瓣也就慢慢舒展开来，而等到夕阳西下时，它又闭拢花瓣，关上大门，开始睡觉了。这种植物睡眠在植物学中，叫作睡眠运动。

　　事实上，早在一百多年前，英国生物学家达尔文通过观察植物的夜间活动，发现有的植物到了晚上会有特别的举动，提出它们也是需要睡眠的，而且他还发现，会睡眠的植物要比不会睡眠的植物更能承受压力。他还指出，叶片的睡眠运动对植物生长极有好处，可是他没有解释植物为什么会睡眠。于是，后来的科学家，在 20 世纪 60 年代，就开始致力于探讨植物睡眠的真正原因。有的人提出一种"月光说"，认为叶子的睡眠运动能使植物尽量少地遭受月光的侵害，从而可以减少月光干扰植物正常的光周期感官机制，也就降低了植物对昼夜变化的适应能力的损害。后来有些科学家提出，植物的睡眠运动是由于植物叶子叶柄基部中一些细胞的膨压变化引起的，植物可以通过睡眠运动减少热量、水分的消耗，从而起到一个保温保湿的作用，所以睡眠运动是植物的一种保护性反应。比如，前面提到的合欢树，不仅夜间会关闭睡觉，遇到暴风暴雨天气也会把叶子合拢。

不过，这些都是假设，都还没有得到科学完全地确证，有待于进一步的研究。

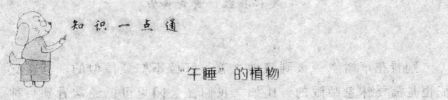

知识一点通

"午睡"的植物

植物们其实挺会享受"生活"，它们不仅晚上要睡觉休息，而且白天中午往往也会"午睡"，小休片刻！一些农作物，如小麦、稻子、大豆、高粱等等，都会有"午睡"反应。科学家通过研究证明，引起植物"午睡"的主要原因是高温。到了夏天，中午往往是异常炎热，加上太阳光的辛辣，所以空气中的水汽大量被蒸发，导致空气湿度会降低。从而，植物们为了抗击炎热，减少水分的消耗，就会渐渐地关闭气孔，这样二氧化碳就无法进入叶片，叶片进行光合作用的原料就严重缺乏。在此种状态下，就可以说植物进入了"午睡"！

70. 植物世界会感觉，视听触嗅样样有！

科学档案馆：

　　奥秘事物：植物

　　关键词：感觉功能

　　奥秘指数：★★★★

　　植物，并不像我们通常想象的那样，是麻木无情，没有感觉的，其实它们也有各种感觉本领，而且是视听触嗅样样俱全。

　　虽然上苍没有给予植物一双可以用来观察外界事物的眼睛，却赐予它们类似于眼睛的"光感受器"——植物体内的光敏色素蛋白质，使植物不仅能"看见"光，而且还能感受到光的波长、光照的强度和时间等等，使它们能够知道什么时候"醒来"，什么时候"入睡"，并根据阳光一年四季的变化来安排自己一年的事物，比如什么时候该开花，什么时候该结果，什么时候该脱叶等等。植物具有"听"的本领已为很多科学实验所证明，而且人们还发现它能听到一种人耳都无法分辨出来的超声波，并且十分享受这种超声波带来的乐趣。如果专门给植物播放这种超声波，可以加速植物种子的萌芽，促进生长，并大大地提高产量。英国科学家就曾通过这种手段培育出 2.7 公斤重的卷心菜。

　　此外，植物还具有触觉和嗅觉。一位名叫莫迪凯·贾菲的美

国生物学教授就发现，每天只要对植物的茎进行几秒钟的抚摸和敲击，就会让植物"觉得"它必须提高强度来防止风的破坏，于是它就会在体内生成使钙含量提高的蛋白质，从而提高钙的含量。而钙的增加相应地导致一种名为钙调蛋白的物质的增多，该物质可以使植物更为坚固。据科学家们统计，约有1000多种植物会有触觉反应。植物还有嗅觉反应，有科学家发现当植物受到害虫攻击时，就能分泌出一种气味来提醒其他植物开始发出害虫讨厌的气味，而它的同族在闻到这种气味后，就会接受这个提醒，并始释放特殊气体阻挡害虫的靠近。

由此可见，植物世界的感觉功能也是齐全的，视觉、听觉、触觉、嗅觉样样有！

巴克斯特的离奇实验

1966年2月的某天上午，美国中央情报局的前情报专家巴克斯特，给一盆牛舌兰花浇水，看到它长有长长的叶杆和叶子，就一时心血来潮，想测量一下根部的水分将花多长时间才能穿过长长的叶杆最终到达叶子的顶尖。他心想，自己手头上那些测谎设备可以派上用场，因为它可以用来测量电阻变化，而当根部的水分传递到叶尖会减低叶尖的电阻，如此只要把测谎仪连上叶片就行，预计的结果将是一个不断上升的曲线图。但事实上恰好相反，曲线的趋势呈现出不断向下的趋势，类似于一个由激动进而逐步恢复平静的心理趋势图。于是，巴克斯特大胆假设，这个趋势图反映的是植物的情绪波动，可见植物也是有情绪的。这一发现一经宣布，就震惊四座了！

第四章

奇趣的动物世界

71. 常见鸟儿会造窝，没想鱼儿也建房！

科学档案馆：

奥秘事物：三棘刺鱼

关键词：建房

奥秘指数：★★★★

有时，特别羡慕鱼类，因为它们可以自由自在地在水中畅游，无拘无束。可是鱼儿的本领可不只游泳一项，它们还会有各种各样的本领，比如说有些鱼儿就会自己动手建房子，可以说是鱼类中的"建筑师"了！比如一种生活在大西洋西部海底的钻洞鱼，会利用自己的唾液把一些植物碎片、小石块粘成一种酷似竹筒的房子，并且随时携带自己建造的房子，一旦遭遇到危险，就可以马上钻进自己的窝里，躲避危险。

不过，鱼类最厉害的建房能手，还要属三棘刺鱼。每当雄性的三棘刺鱼长大成人后，就会准备结婚生子，不过它们先都得建造属于它们自己的"新房"。所以，它们在成家立业前，都要先精心地设计、"买"材料、施工等等，从而建造一座既坚固又漂亮的"新房"，也就有资本向"新娘"求婚了。它们建房子有一套流程，首先是选址，三棘刺鱼很看重这一点，它们在建新房之前都会先进行一番考察，选择那些水不深不浅、流动性好的低洼处来建房子。尔后，它们就开始备料，收集一些水草根茎和其他植物屑片。等材料收集好了后，就开始砌墙了，那些"准新郎"会利用自己肾脏里分泌出来的一种粘液把先前备好的材料粘贴在一起，并用嘴巴咬来咬去，直到咬出窝的形状，于是一座房子的初坯也就形成了。最后，它们还会继续利用体内的粘液在房子的内外、上下、四面八方不停地涂抹、磨擦、修饰，使表面整齐、光滑，好像给房子搞装修。经过这一整套过程后，房子才算是大功告成，它们也就有了资本娶妻生子，等着做爸爸了。

没想到，即使是一条小鱼，要想"结婚"也不是那么容易的事情呀！

知识一点通

建筑能手——章鱼

章鱼，虽然名字里有个"鱼"字，但事实上它不是鱼，只是一种软体动物，但它们跟鱼儿一样生活在深海中，同时它们也是一个杰出的"建筑师"。它是个夜猫子，不爱在白天劳动，而喜欢晚上开工。每当夜深人静之时，它们就好像接到了命令似的，身上长长的触角就会开动，一刻不停地搜集各种石块，把它们砌成围墙，然后再找一块平整的石块做房顶，一座精巧漂亮的房子就建好了，它们经过一番劳累，就可以在这个新房子里美美地睡上一觉了。更有意思的是，在章鱼喜欢栖息的地方，常有"章鱼城"出现，这些由石头筑成的"章鱼之家"鳞次栉比，颇为壮观。

72. 大象癖好真奇特，要用岩石来下饭！

科学档案馆：

　　奥秘事物：大象

　　关键词：岩石

　　奥秘指数：★★★★

　　在非洲的中部、南部、东部地区，生活着大量的非洲象，以野草、树叶、树皮、嫩枝等为食。可是，住在非洲肯尼亚和乌干达边境的人们，却发现一个非常有意思的现象，即到了每年干旱季节的时候，就会有成群的非洲象在头领带领下进入当地山洞中啃食岩石。它们来到阴暗潮湿的山洞中央，用长长的象牙，在洞壁上凿下一块块岩石，再用大鼻子卷起岩石，一口一口地吞下肚去。吃饱后，休息片刻就又在头领的带领下缓缓地离开。

　　大象为什么要吃这些石块呢？难道是没有其他食物了，不得不靠啃食这些石块来填饱肚子吗？当然不是，即使到了干旱季节，虽然草木枯黄，但还是足够大象们填饱肚子。更何况，大象事实上根本就不能消化掉这些石块，科学家们早就发现大象粪便里常有许多碎石，也就是说它们吃掉的石块压根就没有被消化，而是又被排泄出来了。那真正的原因是什么呢？其实很简单，因为这些石块里富含大象身体需要的一种元素——硝酸钠盐，大象们通过啃食这些石块来补充自己体内的钠盐含量。一般而言，大象吃的植物里硝酸钠盐的含量极少，到了干旱季节，躯体庞大的非洲象会大量出汗和分泌唾液，体内盐分消耗较多，为了补充盐分，它们便大量吞食岩石。刚好肯尼亚和乌干达边境地区山洞里的岩石中富含钠盐这种矿物质，大象通过吞食这些岩石，经过吸收，就能一定程度上补充体内的这种盐分。可见，大象可不是吃饱了撑的没事干，通过啃食石块来消磨时间的！

其实，除了大象之外，在非洲大陆还有许多非食肉性动物会通过啃食石块或者是土粒，从而获得它们身体所需的一些元素。

知识一点通

群居的大象

无论是亚洲象还是非洲象，它们都过着群居生活。一个象群通常有200只左右。但它们只是晚上才聚在一起，白天会分成好几个小组行动，外出寻找食物和水源，到了晚上再回到聚集点碰头交流白天的发现，这样就可以分头出击提高命中率。同时，它们并不会派出所有的大象出去寻找食物，而是会留下两三只大象，让它们专职负责照顾象宝宝们，这样一来，象妈妈就可以安心地外出寻找食物了。一旦象群中有谁不幸去世了，它们还会举行专门悼念仪式，为它守灵好几天，最后用树叶和泥土把死者埋掉才会依依不舍地离去。大象团结一致地抵抗外来的袭击者，为它们自己塑造了一个安宁和谐的集体环境，甚是温馨感人。

73. 动物防身有绝招，伪装放屁显神通！

科学档案馆：

　　奥秘事物：动物防身术

　　关键词：放屁　诈骗　保护色

　　奥秘指数：★★★

　　动物世界，是一个弱肉强食的世界，正所谓"大鱼吃小鱼，小鱼吃虾米"，那些动物世界里的弱者们往往只有任人宰割的份儿，而毫无反击之力。但也有一些小动物天生具备了一些巧妙的防身术，可以抵御住敌人的进攻，化解危险，求得生存。

　　动物们的防身术，可谓是五花八门，千奇百怪。例如放屁虫，虫如其名，如你不小心碰到它并侵犯了它的领地，那你立马就会听到一声巨响，并且眼睁睁地看着一股刺鼻的臭液朝你迎面而来，等你完全从巨响和臭味中回味清醒过来，它早就跑得远远的了。再比如，臭鼬如果碰到敌人靠得太近，就会竖起尾巴，用前爪跺地发出警告。如果敌人毫不理会它的警告，继续走近，那它就会毫不客气地转身向敌人喷出一种奇臭无比的液体，而且这种液体还有毒，一旦被喷上虽不会丧命也好受不了。

　　此外，还有一些动物会靠伪装自己来抵御天敌的攻击。好比很多动物为了迷惑敌人，保护自身，会有天然的保护色。例如，我们在动物园里常见的长颈鹿，是在浅黄色的底色上"印有"大大小小各种不同形状的黑斑或褐色斑，具有很好的迷彩作用。一旦其隐身在树阴下，敌人在 10 米以外很难分辨出哪是长颈鹿的花纹，哪是树叶的阴影。还有一些动物在遇到敌人时，便会假装成巨大而凶猛的样子，从而吓退敌人的进攻。例如，澳洲皱皮蜥蜴，它在受到敌人袭击时，便把颈部周围的皱皮展开，很像一把张开的伞，这使它的样子看起来似乎很庞大，令敌人受惊而逃走。此外一些动物为了躲避敌人的袭击，会将自己的形态装扮得与外界环境中的物体惟妙惟肖，让敌人完全无法分辨。

　　可见，为了生存，小动物们是想尽一切办法来抵抗敌人的进攻，真是费尽心机呀！

战略防身家——黏盲鳗

　　有些动物并不依靠保护色或者诈骗术等消极手段来防身，而是依靠积极的战略性进攻，化被动为主动，化消极防御为主动出击，一举歼灭敌人从而脱离险境。比如说，一种叫黏盲鳗的软骨动物，就深刻理解了"不入虎穴，焉得虎子"这句话的战略精髓，并在实践中贯彻这句话的精神，积极用来防身。由于它全身由软骨组成，所以它的身体柔韧性特别好，可以伸缩自如，一旦遭遇到敌人进攻，它就把身子打成一个结，然后利用利齿插入对方的身体内，拼命往里钻直至完全进入对方体内，尔后就可以开始尽情享受自己的战利品了。

74. 动物可当"气象员"，天气变化早告知！

科学档案馆：

　　奥秘事物：动物"气象员"

　　关键词：蚂蚁　青蛙　乌龟

　　奥秘指数：★★★★

　　自然界的一些动物对天气变化特别敏感，人们可以通过观察它们的反应预先得知天气将如何变化，例如"水蛇盘柴头，地下大雨流"；"蚂蚁搬家蛇过道，大雨不久就来到"等等，可以说这些动物就是活生生的"气象员"。

　　人们最常见的动物"气象员"非蚂蚁莫属了，只要你看到蚂蚁要搬家了，那天气马上就要变化了。蚂蚁常年生活在地下的石缝、洞穴中，这些安生之处很容易受到外界尤其是天气变化的影响，例如只要一下雨，它们辛辛苦苦建造的房子就会被冲垮。所以经过漫长的演化过程，它们的感受器能灵敏地感知天气变化并提前作出反应，因而一旦要下大雨，它们就会提前往高处搬迁，放弃原先低湿的巢穴。此外，假如你看到蚂蚁的巢越筑越高，那你得准备好寒衣，因为这年的冬天可能会很冷。

　　在动物界，更有一些动物就是"活晴雨表"。好比青蛙，在空气干燥时，其皮肤水分蒸发加快，它须呆在水中保持皮肤湿润；

而在阴湿多雨的季节，皮肤水分不易挥发，它就跳出水面。例如非洲有一种树蛙，只要它从水中爬到树下，那肯定是要下雨了。再比如乌龟，人们只要根据乌龟背是干燥还是潮湿，就能判断出天晴还是会下雨，这是因为龟壳排水和吸水性都不太好，所以天晴时，由于大气中的水蒸气含量较少龟壳就显得很干燥；而下雨之前，空气中的水蒸气含量多，但龟壳不能吸收这些水蒸气，那很多水蒸气就会凝结在龟背上，于是就变得湿漉漉的。

当然，还有其他一些动物也具备预报天气的能力。人们通过总结它们对天气变化的反应，能极好地预知一些即时性的、局部性的天气变化，有时甚至比真正的气象员预报的还准。

知 识 一 点 通

细致分工的蚂蚁

蚂蚁们群居，有一个庞大的家族，家族成员之间具有明确的分工。一般来说，根据地位高低，一个家族里的蚂蚁可以分为四种，即蚁后、雄蚁、工蚁及兵蚁。蚁后是有生殖能力的雌性蚂蚁，在家族里体型最大，主要负责产卵、繁殖后代和统管整个家族。而雄蚁，它的职责主要是负责与蚁后交配，一般头圆小而触角细长。而蚂蚁家族里数量最多、个体最小的是工蚁。负责建造和扩大巢穴、采集食物、饲喂幼蚁及蚁后等等。还有一种兵蚁，可以粉碎坚硬食物，如果家族遇到危险时便成为卫士，负责保卫家族安危。可见，一个蚂蚁家族的分工是多么明确和细致呀，等级也是多么分明呀！

75. 鸽子生蛋要找伴，一只鸽子不下蛋！

科学档案馆：

　　奥秘事物：鸽子

　　关键词：配对

　　奥秘指数：★★★★

　　鸽子，被誉为和平的象征，天空因有了它的翱翔而显得格外安宁和谐。可你知道吗，它还有一个独特的习惯，那就是要想母鸽生蛋的话，你得先给它找个"郎君"才行。等到它们谈完情说完爱，关系确定了，它才会生蛋。所以，如果你是个养鸽爱好者，要想让你的鸽子下蛋，都得先给它们"配对"！

　　鸽子"配对"既可以让它们自由恋爱式地自动配对，也可以人为强行给它们完婚从而给它们配对。自由配对，又可以按照雌雄比例分为大群自由配对和小群自由配对。大群配对，数量一般为 100～120 只左右，通常是公母数量相当，年龄大小相近，把它们放到一起，让其自由地在群体中寻找自己的伴侣，如果完全成功配对可达 50～60 对。小群配对，数量就要少得多，一般是把十几对公母鸽子放在一个狭小的棚舍中，让它们自由配对，这样可以大大地缩减它们成功配对所需的时间。当然，更为省时间的就是人工强行给它们配对了。我们选择体型、重量相近，毛色一致的成对公母鸽子，把它们关入一个封闭的笼子里，如果它们"一见钟情"，往往只要几分钟的时间就会成功配对。但一般而言，鸽子选择伴侣还是很谨慎的，往往需要几天的时间磨合，才能把关系确定下来。人工配对，有一个好处就是可以防止近亲结婚，从而提高优生优育的程度。

如果是人工配对的话，你必须随时观察，以确定鸽子们是否关系融洽。另外，由于鸽子一般比较难鉴别性别，如果是两只同性的鸽子被你强行配对的话，那也是不可能下蛋的。所以，若是发现配对的鸽子们经常打架，或者虽相处融洽却久久不能产蛋，那就得把它们拆开，重新配对。

鸽子为什么不迷路

在古代通讯技术不像今天这么发达的时候，鸽子是很重要的远距离信息传递工具。通常，人类如果走得过远的话都会迷路，鸽子却可以远行千里后安然回家，这是为什么呢？换句话说，它是靠什么来给自己定位方向的呢？科学家通过实验证明，鸽子身上具有一种能够感应磁场的晶胞，使得鸽子具有了磁性感知能力，就好像是在它身上安装了一个磁性罗盘一样。我们都知道，地球其实就是一个大磁场，分为南北两极，如此一来，鸽子在飞行的时候就可以通过感知地球的磁场，来个全球定位，从而也就可以准确地找到回家的路。一旦你在实验室里把它的晶胞去掉，鸽子就会像没头苍蝇一样四处乱飞！

76. 牡蛎性别不固定，变男变女好几次！

科学档案馆：

奥秘事物：牡蛎

关键词：雌雄　营养

奥秘指数：★★★★

　　人类性别，分为男性跟女性，人也就分为男人和女人了。从你呱呱落地那刻起，你的性别就确定了，不能更改。可你能想到吗，在动物界中有一些动物的性别不是确定的，而是会不断地变化，一会儿是雌，一会儿是雄。其中最为著名的变性高手，就是一种叫做牡蛎的软体动物，性别一年一个样，雌雄交替，年年变化，周而复始，终其一生。

　　动物到底是雄是雌取决于它们体内的生殖腺。但是有一些动物的生殖腺非常奇特，是双性的，牡蛎就是其中的一种。在它还在幼龄时，其生殖腺都是两性的，其性别处于一种可以更换的状态中。而由于一般情况下牡蛎的精子要比卵子成长快，所以在它成年后（指第一次性成熟时）就往往表现为雄性，但生殖季节一过，又恢复到两性状态。此后，它的性别到底是雌是雄，就不是看它的精子卵子哪个长得快了，而是看它体内的营养条件了。当它体内蛋白质代谢旺盛时，雌性占优势；而其体内碳水化合物特别是糖元代谢旺盛时，雄性相对要占优势。而体内蛋白质代谢旺盛，往往也意味着牡蛎长得大而肥，所以肥大的牡蛎往往更可能是雌性的。

此外，牡蛎由于营养丰富，是餐桌上一道极其昂贵的美食，有"南方牡蛎，北方熊掌"之称，把它跟熊掌相提并论，足见它的珍贵。它在古代只有贵族才能享用，而今随着人工养殖增多普通人也可以吃到它了。如果哪天你有机会吃牡蛎，你会挑选雌性牡蛎还是雄性牡蛎呢？告诉你，一定要选处于雌性状态中的牡蛎，因为此时它体内富含蛋白质，营养更丰富，肯定要比挑处于雄性状态的牡蛎更划得来了！

知识一点通

会变性的黄鳝

除了牡蛎，另一种常见的变性动物便是黄鳝了，不过它不像牡蛎那样来回变化，而是单方向的——由雌性变为雄性。它从胚胎期到初次性成熟时都是雌性的，确切地说在它体长长到35厘米以前它的生殖腺全为卵巢。当它成熟后，就会开始产卵，也就是说要开始做妈妈了。但比较奇特的是，在产卵的同时，它的卵巢会逐渐变为精巢。所以当它长到36～48厘米时，会发生部分性转变，此时它的体内雌性、雄性激素几乎是各占一半。当黄鳝长至53厘米以上，则几乎只有精巢了，也就是说完全成为雄性的了，变成爸爸了。

77. 企鹅看重家生活，一夫一妻严育儿！

科学档案馆：

奥秘事物：企鹅

关键词：一夫一妻

奥秘指数：★★★★

企鹅可以说是世界上最为可爱的动物之一，它不畏寒冷，能在冰天雪地的南极中自在地生活。当看到它挺着肚皮在冰上行走时，每个人都会忍不住地想摸摸它。可你能想到吗，企鹅还都是爱情"专家"，一生基本实行"一夫一妻"制。曾有生物学家观察到，80%以上的企鹅始终维持原配，可谓是动物世界里注重家庭生活的典范。

不仅如此，企鹅表达爱情的方式也特别浪漫，很多企鹅会通过对歌方式求偶，唱到深情处，会相互扇动翅膀。并且让人不可思议的是，在南极有一种阿德里企鹅，在求爱前都要挑选卵石作为见面礼。但在冰天雪地的南极地区，要找一块卵石那可是相当的困难，于是有些企鹅为了博取爱人的欢心就会铤而走险，去邻居家偷取卵石，以便等到求偶季节来临，可以亲手献到自己钟情的爱人手上。一旦雌企鹅答应了雄企鹅的要求，它们就算是正式结婚了，便会用偷来的卵石在背风处筑起洞房，计划生育下一

代了。

那企鹅是如何生育下一代呢？它跟常见的鸡一样，都是先由母企鹅产下蛋，然后把蛋孵化，不过孵化不像鸡那样由鸡妈妈来完成，而是改成由企鹅爸爸来做这项工作。一般来说，企鹅妈妈每次只能产下一个蛋，然后把这个蛋放到企鹅爸爸的肚皮下垂的一个特殊育儿囊中，这样企鹅蛋才不至于被冻坏，并孵化出小企鹅来。整个孵化过程大约需要持续六个星期，在这六个星期里，企鹅爸爸需要忍饥挨饿，等待着小宝宝的诞生。等到小宝宝诞生下来，企鹅家庭就算是更为完整了，企鹅爸爸和企鹅妈妈会极其细致入微地照顾小宝宝，好让它能够顺利地、快快地长大，早点独立门户，撑起属于它自己的那片蓝天！

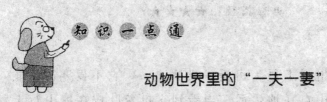

知识一点通

动物世界里的"一夫一妻"

相对于人类通过法律强制实行一夫一妻制度而言，动物世界里一些动物可谓是出于心甘情愿的态度采取一夫一妻制度。例如野生的灰雁，可是绝对地奉行一夫一妻制，当它们结合后，双方可谓是相当的忠贞不二，有些甚至在丧偶后都不会另觅配偶，宁愿孤独一身。有些动物更是恩爱得很，出入都是成双成对，决不落单。比如水獭夫妇想要建房，它们都要一起去拖树枝、去运小石子，一起砌墙建巢，当然更是一起养育小水獭，一刻也不分离。

78. 人类眼睛不同色，没想兔子也如此！

科学档案馆：

奥秘事物：兔眼

关键词：颜色　远视　色盲

奥秘指数：★★★★

　　大家都知道，人类中不同人种的眼睛颜色是不同的，比如说我们中国人是黄皮肤黑眼睛，可是欧洲人往往是白皮肤蓝眼睛，而蒙古人虽然是黄皮肤但是眼睛却是棕色等等。可是你知道吗，不同颜色的兔子眼睛的颜色也不同，难道它们也分为不同"兔种"？

　　人类的眼睛是何种颜色跟皮肤是什么颜色紧密相关，兔子也是如此。如果兔子的皮毛颜色是黑色，那它的眼睛也就是黑色的，而灰色皮毛的兔子的眼睛是灰色的。但白色兔子的眼睛最为独特，虽然它看起来像是红色，但事实上完全是无色透明的，只是因为它眼睛里的血丝反射了外界光线导致透明眼睛变成红色了。那为什么它们会有不同颜色的眼睛呢？这是它们体内含有的不同色素所导致的。一般而言，灰色兔子往往体内还有灰色色素，那眼睛自然就是灰色的。同样的道理，如果是黑色兔子，它体内自然含的是黑色素，眼睛就是黑色的了。而白色兔子身体里不含有任何色素，它的眼睛就是无色透明的了。不过，不管它们的眼睛是何种颜色，它们大多数是"色盲"，因为它们只能识别一些特定波长的光线，如绿光和蓝光，但对其他光线却没什么鉴别能力。

兔子跟人类不同，它的眼睛是长在两侧上方，视力范围极广，达到了将近360度，不用回头就能将后方发生的情况看得一清二楚。同时兔子眼睛的远视能力也极强，非人类的远视能力所能及的。它反而对近在眼前、正前方的东西不能看得特别清楚，这是由它眼睛前方"盲点"导致的。不过还好，为了补其不足，上天给予了它们一个向着正前方且敏锐的鼻子，它们可以用其嗅觉去感觉正前方的东西。

由此可见，真可谓是"造化弄兔"呀！

知 识 一 点 通

什么是色盲

医学上把先天性不能识别某种或某几种颜色的人，称为色盲，它是由眼睛视网膜的视锥细胞内感光色素异常或不全导致的。色盲，又可以进一步分为全色盲和部分色盲。全色盲，是指眼睛完全没有辨别颜色的能力，换句话说，任何事物在其眼里不是黑白就是灰白。部分色盲，是指失去对某种或某几种特定颜色的辨别能力，但并未完全丧失色彩辨别能力。由于可见光谱内任何颜色都可由红、绿、蓝三色组成，也就是说其他各种颜色都可以由红绿蓝不同组合混合而成，所以它们被称为三原色。由此，部分色盲又分为：红色盲，此时绿色看成黄色、紫色看成蓝色；绿色盲，绿色被看成灰色或暗黑色；蓝色盲，则只能分辨红绿两色。

79. "沙漠之舟"天造就，
滴水不沾过月半！

科学档案馆：

奥秘事物：骆驼

关键词：驼峰　蛋白质

奥秘指数：★★★★

人们形象地称骆驼为"沙漠之舟"，它在沙漠中不仅能走能跑，也可以运货驮人，更重要的是它特别耐渴。虽然它几天不喝水，体重会下降很多，但它竟然可以在不喝水的情况下，在沙漠里行走 45 天，真不可思议！

长久以来，人们就非常好奇，为什么骆驼能如此耐渴呢？在很长的一段时间内，人们都以为骆驼之所以特别耐渴，是因为它高耸的驼峰中含有特别的储水水囊，它可以帮助骆驼贮存大量的水，等到没有水喝的情况下就可以派上用场了。可是问题没那么简单，因为科学家解剖了骆驼，压根就没有发现什么水囊，而只是大量的脂肪。于是，又有人提出是这些厚厚的脂肪发挥了作用，因为这些脂肪大部分集中在背部和驼峰上，于是形成了一个"隔热层"，能减少体内水分蒸发，又能散热，体温不致升高，这很可能是骆驼特别耐渴的一个重要原因！

不过，最近有科学家提出了一个新的解释，指出骆驼耐渴是因为即使它不喝水的话，它血液里的含水量也不会改变，所以血液不至于变得过分粘稠，血液还是可以自由流动。而人类就不行，只要人体脱水达到一定程度，血液会失去大量的水分而变稠，这样一来血液难以通过毛细血管，导致血液循环减慢，积聚在人体内的热量没法向外散发，结果造成体温上升而死亡。而为什么骆驼在脱水情况下，血液仍然不会变得过分粘稠呢？有人指出，这是因为它血液里含有一种特殊的蛋白质，骆驼脱水后血液仍然正常而不变得粘稠，骆驼也就仍然能正常生存和行走。如果这个解释是成立的，那么人类也可以变得特别耐渴，只要我们把骆驼血液里的这种蛋白质注入人类的血液即可！不过，这还需要进一步的证明。

 知识一点通

单峰骆驼和双峰骆驼

骆驼背上高高耸起的部位叫作驼峰，我们可以根据驼峰的数目，把骆驼分为单峰骆驼和双峰骆驼。它们虽都是骆驼，但也有很大的不同。单峰骆驼一般比较高大，腿要长些，在沙漠中能走能跑，而且速度较快，比如驮着一个人的骆驼，每天能保持每小时13～16公里，有时甚至能达18个小时，但它的载重性没有双峰骆驼强。双峰骆驼相较而言，就要矮小些，它的四肢粗短，更适合在沙砾和雪地上行走，行进速度很慢，仅为每小时3～5公里，但更能长时间地背负重物。不过，骆驼里面还有混血儿，在哈萨克斯坦就可以看到一种单峰和双峰混血体型的骆驼，比二者本身都要大，也善于驮物。

80. 鲨鱼天生好身体，从来不怕病缠身！

科学档案馆：

奥秘事物：<u>鲨鱼</u>

关键词：抗癌

奥秘指数：★★★★

　　提到鲨鱼，很多人会想到它是会吃人的，但事实上在将近250种鲨鱼中只有少数几种鲨鱼会伤害人类，其余则没有什么攻击性。你肯定也想不到，鲨鱼是所有动物里面惟一一种不会生病的动物，它们对包括癌症在内的所有疾病都具有免疫能力。即使你特意把一些病菌和癌细胞注入鲨鱼体内，它依然不会得癌症。更奇特的是，一些鲨鱼不小心掉了牙齿，会在短短24小时重新长出新牙来，可见它们的身体是多么的好呀！

　　为什么鲨鱼会有如此强的免疫能力呢？各国的科学家们对此展开大量的研究，提出种种可能的原因。首先有人认为，鲨鱼身体特别好是因为它每时每刻都在运动，因为它的身体密度要比水重，所以它只有积极游动才能防止不下沉。也有科学家从鲨鱼的生活习惯入手，来解释它为什么不会生病。例如有人指出鲨鱼的进食不是杂乱无章的，它们总是根据一定的生理节奏来进行觅食和休息等活动，就如同有良好生活习惯的人比生活习惯杂乱的人身体要好的道理一样。不过，更多科学家还是从鲨鱼体内的构成入手来解释鲨鱼为什么不容易得癌症。例如有人指出鲨鱼体内富含维生素 A，这些大量的维生素对鲨鱼的身体起到一个很好的保护作用。再如，有人指出鲨鱼之所以不得癌症，是因为它们体内含有活性酶，而其他动物体内的活性酶已在进化过程中逐渐消失了，诸如此类种种。

于是，有些科学家甚至希望从鲨鱼不得癌症这一事实出发，从它体内提炼出特定抗癌物质，把它们注入人体内，那人类不也就可以抵抗癌症的袭击了吗！不过，这还只是个假设，一旦能够变成现实，那就是人类的福音了。

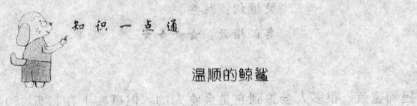

知识一点通

温顺的鲸鲨

鲨鱼，其实也不是个个都凶神恶煞。在它的家族里也有温顺一族，好比鲸鲨。据报道，曾有一名奥地利人还和一条鲸鲨交过朋友，不仅给它拍照留念，而且还骑着它在海上乘风破浪。鲸鲨虽然个头极大，一般体长在10米左右，体重约10 上吨，最长者可达20米左右，而体重可达30吨，可谓是世界上第一大鱼。可是它的性情却十分温和，不会攻击人类。虽然它也和其他鲨鱼一样长着大量牙齿，不过这些牙齿往往是又细又小，根本就不能用来咬东西，而是用来阻挡食物漏掉。所以，它通常只是食用一些海面上的浮游生物、贝壳、小鱼等等，而且是整个吞下去而不会细嚼慢咽！

81. 鲨鱼牙齿真是多，数数可能上万颗！

科学档案馆：

奥秘事物：鲨鱼

关键词：牙齿

奥秘指数：★★★★

　　不同的鲨鱼，牙齿的形状也不同。例如噬人鲨鱼的牙齿边缘具有呈三角形的细锯齿，大青鲨的牙齿则大而尖利，而鲸鲨的牙齿却是短细如针等等，但它们往往都强劲有力且锋利无比，具有极大的杀伤力。如果鲨鱼牙齿只有几颗，威胁还不那么大，但不幸的是，鲨鱼的牙齿奇多，而且会不停地更换，永保锋利，这使得鲨鱼连坚硬的轮船都能啃出个洞来。

　　鲨鱼的牙齿不像大多数动物那样只有固定的一排，而是有5～6排，但是能真正发挥牙齿作用的只是最外面的一排，其余几排都是仰卧着，以供备用。只要前排的牙齿脱落或者磨碎，后排的牙齿马上就会向前面移动自动补上，有些鲨鱼是一次只替换一两颗，而有的鲨鱼则是整排整排地更换。此外，鲨鱼在生长过程中较大的牙齿还会不断取代小牙齿，因此终其一生，鲨鱼可能要更换掉数以万计的牙齿。例如凶猛残暴的噬人鲨鱼，它的牙齿就很特殊，不仅有好几排牙齿，而且假如它在咬碎坚硬的东西时将牙齿折断

了，会很快地重新长出新牙来。如果再一次折断，还会再一次长出，一生中可以 6 次长出新牙来，数量可达 1.5 万颗！

鲨鱼之所以能不断地长出并同时容纳这么多的牙齿，跟它本身的身体构造有紧密的关系。海洋里的很多鱼类，它们的骨架往往都是硬骨，但鲨鱼不同，它完全是由软骨构成整个骨架，那它就需要特殊的组织来支撑它的整个骨架，它便是被称为嵌片的特殊板状组织。它能对骨架进行加固，并且它是由坚硬的钙盐组成。换句话说，鲨鱼体内含有丰富的钙盐，而这是牙齿的主要成分，所以所有鲨鱼的牙齿能够不断地重新长出。

人的牙齿

牙齿，对我们人类来说非常重要。人们不仅需要借助牙齿来咀嚼食物，而且要想吐字清晰，清楚发音，一口整齐的牙齿也很关键，比如我们经常看到一些老人们因为脱落太多的牙齿讲话就会很含糊，有时甚至压根就不能听清楚。此外，人类牙齿还有一个比较有意思的现象，那就是在人类一生之中，会长两次牙齿。第一次从出生就会慢慢积累，逐步地长出，一般人到两岁左右基本上就可以长齐牙齿，被称为"乳牙"，共有二十颗。不过这种牙齿，寿命就不那么长，到了六岁左右，乳牙就会开始逐渐脱落。此后就会开始长新牙，由于这种牙齿不会再更换，所以被叫作"恒牙"，它们长齐的话要比乳牙多十二颗，一共三十二颗。

82. 蚊子咬人也挑食，看你是不是"幸运儿"?

科学档案馆：

奥秘事物：蚊子

关键词：雌雄　二氧化碳

奥秘指数：★★★★

每到夏天，蚊子就开始肆虐张狂，扰得人们无法睡个安稳觉，实在是让人厌恶。可是你一定想不到，蚊子也是挑食一族。它可不是饥不择食，什么人都要咬上一口，而是会有所选择的。只要你不是它所中意的对象，就是你主动跑到它面前，它也未必会咬你，所以很有可能两个同处一间屋子里的人，一个会备受蚊子肆虐，而另一个却可以悠然自得。那为什么蚊子咬人还要先挑一挑呢？

首先我们得明白并不是所有的蚊子都会咬人，只有雌性的蚊子才有咬人的习惯，而雄性的蚊子对人类一点兴趣也没有，它们更偏爱植物汁液。雌性蚊子之所以会咬人，也不是为了通过吸收人类的血液来填饱肚子，它咬人吸取人血主要是为了繁殖下一代。蚊子接近人类主要是借助于它的触须和三双腿上的传感器，觅着人类呼出的二氧化碳气息而来，当它接近到人体时会先进行一番考察，看看你是不是一个合适的攻击对象，如果不适合的话，它就会飞走也就不会咬你了。所以，一个人呼出的二氧化碳多少，能对蚊子咬你还是不咬你有很大的影响，如果你比较胖，睡觉时呼出大量的二氧化碳，那你肯定要被它美美地咬上一口，反之如果你较瘦，释放出的二氧化碳要少些，那就很可能躲过蚊子的骚扰。此外，人体散发出来的香水、身体发出的热量以及人运动后体内分泌的乳酸也都是蚊子喜欢的物质。如果你哪天多了上述的这些物质，那成群的蚊子就会不请自来了！

此外，人体内还有一种物质吸引蚊子，那就是雌性激素——雌二醇。一般而言，女性体内的雌二醇含量高于男性，但这并不意味着女人更容易被蚊子咬，因为男人一般体形较大，产生的二氧化碳也更多。总的说来，大块头更容易被蚊子咬，由此看来小个子还是有好处的！

 知 识 一 点 通

蚊子咬后为什么会痒

蚊子之所以特别让人讨厌，并不在于它咬人后会让人感觉有多痛，而在于人被蚊子咬后会感觉被咬处瘙痒难耐。虽然蚊子每次咬人都是用它那形似针状的构造刺进人的皮肤，但并不十分锋利，所以被蚊子咬后往往并不会感觉特别疼痛。但被蚊子咬后，都会留下个肿起的小包，让人感觉痒痒的。这是为什么呢？你绝对想不到，它是因为人体在被咬后，体内的免疫系统此时就会释放出一种蛋白质——叫作"组织胺"，从而引发了被咬部位的过敏反应。不过，此种过敏反应的强度因人而异，有的人对蚊子咬的过敏反应比较严重，而有些人轻轻

83. 小小蝙蝠好独特，为何倒着来睡觉！

科学档案馆：

奥秘事物：蝙蝠

关键词：倒挂

奥秘指数：★★★

蝙蝠虽然没有鸟类那样的羽毛和翅膀，但它的飞行本领一点也不比鸟类差，是惟一一类真正具有飞翔能力的兽类动物。它是一种很古老的动物，虽然具有高超的飞行本领，却不能站立，更不能走路，这是因为它的脚在漫长的演化过程中已经退化了。所以很多时候它们只能倒立着，连睡觉的时候也不例外。那蝙蝠为什么要如此折磨自己呢，为什么不好好地躺下睡个好觉呢？这是因为倒挂已经成为蝙蝠的生活习性。

一般小型的鸟类起飞往往都会先借助腿部力量先跳起来，离开地面，再展翅飞行；而体型大的鸟类，如天鹅，更得先借助腿部力量助跑达到一定的速度后才能够飞离地面，就连昆虫也是先跳起来再飞。但正如前面所说的，蝙蝠虽然有双腿，但是经过漫长的演化已经退化得很厉害，不能支撑起蝙蝠的身体，所以也就不能用双腿行走了，它只能够借助于翅膀的力量缓慢地爬行，所以也更不可能像鸟儿那样可以利用腿部的力量助跑来起飞了。所以，一旦它不小心跌落到地面上就可能难以再飞起来。那蝙蝠靠什么来实现自己的飞行梦想呢？它主要是依靠滑翔来实现飞行的。具体点说，就是它采取了一个非常取巧的办法，时刻把身体倒挂在空中，一旦它想飞，只要松松腿，就可以伸展翅膀滑翔一段距离，然后就可以展翅高飞了。

蝙蝠由于外形比较丑陋，一直不为人类所喜爱，所以它的命运也往往多舛。但事实上，它对于人类来说有大大的裨益，例如食虫类蝙蝠能消灭大量蚊子、夜蛾、金龟子、尼姑虫等害虫，最高数量一夜可捕食3000只以上，对人类极其有益。所以，下次你若碰到了蝙蝠，记住可不要伤害它们才行呀！

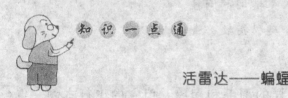

活雷达——蝙蝠

蝙蝠，有"活雷达"之美誉，能够非常精确地定位，即使在夜间也能够捕捉极小的飞虫，更不会跟什么东西相撞，即使一根极细的电线也能灵巧地避开。为什么它具有如此高超的本领，难道是它的眼睛特别敏锐，敏锐到可以在黑夜中也能看清楚东西？当然不是！蝙蝠之所以具有如此高超本领，在于它的头部长着一种奇特的超声波装置，具有发射超声波的功能，使它们能够根据回声判别方向，为自身飞行路线定位。同时一旦碰到障碍物或飞舞的昆虫时，这些超声波能被反射回来，蝙蝠通过大脑对这些反馈信息进行分析，决定是采取回避策略还是积极追捕！

84. 育儿常由妈妈做，海马却要靠爸爸！

科学档案馆：

　　奥秘事物：海马

　　关键词：哺育　育儿袋

　　奥秘指数：★★★★

　　在我国沿海地区，生长着一种成年后体长约 10 厘米左右的小鱼，因为它的头部酷似马头，所以被叫作海马。海马的繁殖能力特强，一只海马一年可以生产 10～20 次，每次可产几十只到数百只不等，甚至有一种海马一次可能生下 1500 只小海马。不过，这些都不是由海马妈妈来完成，而是全都由海马爸爸来完成，它是世界上惟一一种由雄性来怀孕产子的动物，它是通过雄海马腹部的一个小袋来怀孕从而生儿育女的。

　　一般情况下，当雌雄海马相遇，如果感觉彼此"来电"，就会开始"谈情说爱"，在此期间它们会成双成对地游玩，或者把尾部缠绵地交织在一起说悄悄话。这个"谈情说爱"过程往往需要持续几天，等到雌海马的卵成熟后，它俩就停止卿卿我我，马上离开海底藻丛而螺旋上升。等到了一定程度，雌海马就会将输卵管插入雄海马的小袋中排卵，并使卵在那里受精。这时雌海马的身体明显地苗条下来，雄海马则变得大腹便便。也就说明，雄海马成功怀孕了，接下来就是为小海马胚胎们提供氧气和必需的营养，孵化它们了。整个孵卵期往往会持续 10～20 多天不等，等到这些胚胎成熟后，雄海马就会把尾部缠在海藻上，靠腹肌的收缩力量使身体一仰一伏，"小宝宝"们便一只一只地产了出来。雄海马经过此番折腾，往往过于芳累，就没有力气照顾自己的儿女们了。不过还好，这些"小宝宝"出生不久就可以立马自己觅食，自己照顾自己了。

更有意思的是，在这整个过程中，雌海马也不是产完卵就什么都不干远走高飞了，而是会每天早上都要来看望怀孕的雄海马，尽显关爱之情。而且，雌海马在丈夫怀孕期间会"守身如玉"，会坚决地抵制发生"婚外情"。

溺爱孩子的鱼——越南鱼

真可谓世界之大无奇不有，就连动物们的繁殖习性也是千奇百怪、五花八门。比如一种叫作越南鱼的鱼儿，它孵育后代的方式就非常独特，是典型的溺爱型——"含在嘴里"。它们在临近繁殖期前，先在水底挖出一个上圆下尖的锅形窝，然后雌雄越南鱼就分别在这个窝里产卵子和精子，等到卵受精后，奇特的事情就会发生了。雌鱼将卵含在口中孵化，这样只需 4～5 天，小鱼就可孵出。不过，刚出生的小鱼并不会立马离开鱼妈妈，而是要继续呆在鱼妈妈口中生活上一个星期左右。等到它们长到足够强大，鱼妈妈就会立刻远离小鱼而去，让它们独立生活了！

85. 缘木求鱼非神话，真有鱼儿会爬树！

科学档案馆：

奥秘事物：弹涂鱼

关键词：爬树

奥秘指数：★★★★

鱼儿一般都生活在水中，如果你到树上去找鱼，那肯定要无功而返了，所以人们常用"缘木求鱼"来讥笑他们的盲目无知，荒唐可笑。可是，自然界里却真的有"缘木可求"的鱼，这便是俗称"泥猴"或"跳跳鱼"的弹涂鱼。它大量地存活在我国的南部海域，在西非和太平洋热带海域也可以寻觅到它的踪影，是一种既可以在水里生活也可以在陆上生活的鱼儿，并且它还能够爬树。

为什么这种鱼儿能够做到其他鱼类都不能做到的事情呢？这跟它身体的独特构造有关。它最独特地方就在于它的胸鳍长得又长又粗壮，类似于陆地上动物的前肢。它的这个胸鳍在水中就可以作为游泳器官，而到了岸上，变成了支撑鱼儿前进的支撑器了。所以，当它从海水中跳到平坦的沙滩或潮湿的低洼地上后，就可以依靠胸鳍的支持，加上身体一定的弹跳力和摆动尾部，自如地在沙滩上跳动和匍匐爬行了，有时还能爬到海边的树枝上，成了可以"缘木可求"的鱼。

那它为什么不好好地呆在水中，而要跑到不属于它地盘的陆地上呢？这是因为，经过漫长演化，它已经成为一种水陆双栖的动物，就好比青蛙那样，虽然不能长久地离开水生活，但也必须不时地到陆地上"玩耍"一番，透透气才行。可我们都知道，鱼儿在水中呼吸主要依靠它的鱼鳃，弹涂鱼也不例外，在水中也是依靠它的鱼鳃来呼吸。可是，鱼鳃到了陆地上就会变得毫无用武之地了，弹涂鱼此时呼吸主要就依靠它的皮肤来完成。我们人体的皮肤也担当了一定的呼吸功能，不过它的能力非常有限，弹涂鱼虽然可以依靠皮肤进行呼吸，但也因为条件限制，不能支撑很久，所以它往往不能在陆地呆得太久，要不就会因为呼吸不到足够氧气窒息而死。

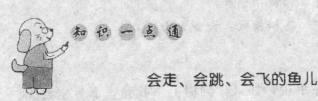

会走、会跳、会飞的鱼儿

你知道吗，鱼儿除了能在水中游泳外，也有一些鱼儿具有特别的能力，有的会走，有的会跳，有的甚至会飞。例如鲶鱼就可以在陆地上行走，它由于长有一种特殊器官，使得它即使离开水后也能直接呼吸空气。此外，一般的鱼儿，可以依靠尾部强有力的扭动跃出水面，不过往往都跳得不高，但有一种叫作蜞鳅鱼的鱼儿跳高能力特别强，依靠它那巨大而强有力的鳍，拍打水面后一跃而起，甚至可以达到6米高。再比如，在我国南海生活着一种飞鱼，每当遇到敌人袭击时，就会用它的尾部用力拍水，整个身体好似离弦的箭一样向空中射出。它跃出水面后，打开又长又亮的胸鳍与腹鳍快速向前滑翔，最远可达400米远。

第五章

奇异的自然天地

86. 常见航船海上漂，可见海水"粘"住船？

科学档案馆：

　奥秘事物：*海洋*

　关键词：*海水密度　密度跃层*

　奥秘指数：★★★★★

　　俗话说"水能载舟，亦能覆舟"，可你能想到吗，还有水能够"粘"住船呢？在俄国喾拉海的太梅尔半岛沿岸附近就有这样的一片海域，船只行驶到此地无论如何都动弹不了了，好像被什么东西给牢牢地粘住了一样。在很长一段时间内，人们都说此处有海怪在作祟，过往船只最好还是绕道而行。不过后来人们发现，这跟海怪毫无干系，完全是自然原因造成的。

　　我们都知道，海水的密度常常是各处不同的，它的高低由海水的水温和含盐度来决定，含盐度越高那密度就高，含盐度越低密度就越低。如果一个海域同时存在两种不同密度的水，那么密度大的水往往就会下沉，而密度小的水就会上升。如此一来密度小的水就会聚集到密度大的海水上面，导致上轻下重，海水就被分上下两层。在这上下层之间会形成一个水域过渡带，一般也就是几米厚，科学家们把它叫做密度跃层。只要上层水的厚度等于船只的吃水深度时，密度跃层上就可能出现"死水"现象。这是因为此时船的螺旋桨或推进器的扰动不仅会在水面上产生波浪，还会在密度跃层上产生波浪，形成里层海水的波动，叫作内波。这种内波的形成和维持会消耗大量的能量，也就是说原先用来推动船只的能量很大部分会被消耗在形成和维持内波上，用来推动船只前行的能量就少，那船只就不会动了，就好像是被"粘"住了。

俄国詟拉海的太梅尔半岛沿岸海水就是分层的，靠近海面处是一层不深的淡水，水下才是咸咸的海水，在淡水和海水之间有一个过渡密度跃层。所以一旦船只行进到此处，就会把大量能量消耗到产生和维持内波上，那自然就无法动弹了。

郑和下西洋的故事

明朝时期，中国出了一位杰出的航海家，名叫郑和，有关他的故事至今在民间广为流传，据说麻将就是郑和为了解除旅途劳累发明的。他早在 1405 年 7 月 11 日就接受明朝当时的皇帝明成祖的命令，率领庞大的船队从南京龙江港启航，经太仓出海，开始远航，历时两年多，直至 1407 年 10 月 2 日才回国。据历史记载，此次郑和率领的海船多达两百四十多艘，船员更是高达两万七千多名，沿途访问了三十多个在西太平洋和印度洋的国家和地区，最远到达了非洲，极大地传播了中华文明，也加深了中国同这些国家的友好关系。此后，他又陆续七次远航，成为了世界航海史上的一个奇迹。

87. 常说水往低处流，却有小河向上走！

科学档案馆：

奥秘事物：河流

关键词：万有引力

奥秘指数：★★★★

常言道，"人往高处走，水往低处流"，讲的就是水从高处流向低处是一个自然规律。除非你通过一定技术，才可能把低处的水引向高处，好比我们可以通过压水井设备，把深处的水抽上来。可是，世界之大，无奇不有，偏偏就有水流不听话，来个"水往高处爬"。

在我们祖国最西边的新疆省南部，就有这么一条小小的河流，名叫什可河。在它的上游一处，水流没有老老实实地往低处流，而是弯弯扭扭地沿着一个山坡往上爬。它最初从源头经过一番短途旅游，便来到了小山山底下。但小河的去路被小山给挡住了。还好，"天无绝人之路"，水流在山底小坑中休息一会儿，突然就犹有神助，开始沿着山坡往上爬，最后竟然爬到十多米高的山包上。河水在山包上优哉游哉地溜达了两圈，拐了两个弯，才依依不舍地从山包另一端缓缓地往下流。

那我们不禁要问，是什么造成这一独特现象的呢？事实上，任何重物之所以能够从高处落下，都是因为地球引力形成的重力缘故。水流之所以能从高处流向低处也是重力的缘故。那么产生"水往高处走"的地段难道不受地球引力的影响吗？那当然不是，因为地球上任何物体都会受到重力的作用。物理学家们认为，之所以产生"水往高处走"的现象，是因为"重力移位"的缘故，也就是说山坡上存在着物体对河水形成的引力要大于地球引力。这是完全有可能的，只要山坡下面有一巨大的石块，并且它的密度很大，根据万有引力定律，产生的引力就很大，那河流在此处想往低处流就难了！

 知 识 一 点 通

万有引力

所谓万有引力，是指任何两个具有重量的物体之间都存在吸引作用，它是由伟大的科学家牛顿最先提出的。牛顿指出，宇宙任何物体之间都存在这种吸引作用，大至两个星球之间，小至两只蚂蚁之间，所以被称为万有引力。万有引力可不是凭空产生的，它是由于物体具有质量而在物体之间产生的一种相互作用力。只要物质的质量越大，它们之间的万有引力就越大。但物体的质量，并不是决定万有引力大小的惟一因素，因为两个物体之间的引力还要受到二者之间的距离影响，距离越远，它们之间的万有引力就越小。这样一来，即使物体的质量很重，但距离遥远，那它们的引力也可能很小。

88. 地上流泪往下掉，太空却是向上飞！

科学档案馆：

　　奥秘事物：眼泪

　　关键词：重力　失重

　　奥秘指数：★★★

　　很多时候人一伤心眼泪就会哗哗地顺着眼角往下流，想控制都控制不住。可是你能想到吗，太空中的宇航员想哭就不是那么容易了。他们的眼泪可不会乖乖地往下掉，而是向外飞出去呢！就拿"神舟六号"飞船的宇航员聂海胜来说，他在太空接受女儿生日祝福时感动得流泪，不过可不是掉眼泪，而是"飞"眼泪了！

　　那么在太空中，为什么眼泪不会掉下来而是会飞出去呢？简单地说，这是失重导致的。我们都知道，地球上任何事物都会受到地球引力的作用，这便是重力。物体所受重力跟物体本身的重量成正比，准确地说是平均每千克重的物体受到的重力等于 9.8牛。物体所受重力是垂直向下的，所以当把一定重量的物体水平放在桌子上时，物体对桌子的压力就刚好等于重力，也刚好等于物体的重量。可是很多时候，物体对水平支持面的压力并不会刚好等于它的重量引起的重力，而是会出现失重或超重的现象。所谓失重就是指物体对其水平支持面的压力会小于其重量，而超重恰好相反，会大于重量。比如说当你坐在加速上升的电梯中时，就可以感到电梯底板对人的脚底压力加大，这便是超重现象，而当你乘坐一辆下坡加速行驶的汽车就会感觉到自己好像会"上浮"，这便是失重现象。

太空中的宇航员就处于这种完全失重的状态，他们整个身子就好像是浮在太空中一样，完全感受不到自己的重量。那他们流出的眼泪当然也不能例外，必定也处于一种失重的状态中，所以在太空里泪水一出眼眶就会凝结成小水珠飞出去，而不会顺着眼角往下流。

知识一点通

第一个太空人——加加林

世界上第一个进入太空的人是个苏联人，有个长长的俄文名字——尤里·阿列克谢耶维奇·加加林，但人们都爱简称他为加加林，叫起来既干脆又亲切。他于1961年4月12日，驾驶"东方一号"飞船完成有史以来第一次太空飞行，也就成为了第一个从太空中观察到地球的人。"东方一号"飞船于莫斯科时间9时07分从拜科努尔发射场起飞，载着加加林在离地球302千米高的地方绕地球飞行一周，最后安全降落在苏联的萨拉托夫州斯海洛夫卡村地区。于是，全人类都记住这样一个名字——加加林，但不幸的是他英年早逝，于1968年3月27日因飞机失事而去世，只活了34岁，让人无限惋惜。

89. 冬冷夏热是常态，却有地方倒过来！

科学档案馆：

　　奥秘事物：气候

　　关键词：冬热夏凉　　地下储气

　　奥秘指数：★★★★

　　万物变化，四季更替，冬冷夏热是一个自然规律，可是正所谓世界之大，无奇不有，有些地方却是倒过来，变成了冬热夏冷。你可别以为是瞎扯，哪有这样的地方呀？在我国就有两处这样的地方。

　　一处在我国南方的湖北省五峰县境内。该县最高峰——海拔2320米的白溢寨山腰上有两处地方，每处约1000多平方米。在炎炎夏日两块地上盖满了白冰，异常寒冷，等到夏天一过，冰块化了，刺骨的寒意也消散了；而等到冬天，这里却一点冰也没有，直到来年夏天才又被冰块覆盖，年复一年。但在此处只是一个很小范围内才出现冬热夏冷的情况，而在另一处面积就要比这大得多。我国辽宁省东部山区，横亘着一条长达15公里的冬热夏冷地带。每年春天来临，这个地带的温度不升反而逐步地下降，直至夏天，这个地带外面温度很高，而地带之内却开始结冰；到了冬天又是完全另一番景象，地带的周围是冰天雪地，寒风凛冽，但这个地带内部却是热气腾腾，温如暖室。

有人认为之所以会出现如此奇特的景象，是因为此地带的地下可能存在很大的能保温的储气构造。冬季，大量冷空气进入这种构造，保持原来的低温直到夏季。夏天，冷空气从储气构造中慢慢逸出。在冷空气排出的同时，热空气进入储气构造，被保温到冬季又逐渐逸出来。更有人进一步假设为此地并存着两条重叠的储气带，一条带中储的是冷气，另一条储的是热气，同时向地表放气，只是不同季节放出的冷气量和热气量不同而已。但这个解释到底是真的还是就仅仅是个假设，就不得而知了，谜底的揭开有赖于科学家的进一步研究。

奇妙计时法——二十四节气

二十四节气是中国用来计时的一种传统方法，它把全年分为二十四个节气，每个节气代表着一次气候的转变，依次是立春、雨水、惊蛰、春分、清明、谷雨、立夏、小满、芒种、夏至、小暑、大暑、立秋、处暑、白露、秋分、寒露、霜降、立冬、小雪、大雪、冬至、小寒、大寒，有歌词串起来就是"春雨惊春清谷天，夏满芒夏暑相连，秋处露秋寒霜降，冬雪雪冬小大寒"。它是我国古人智慧的结晶，反映了季节规律性变化，至今在很多农村地区人们依然用二十四节气来指导安排农事活动。例如湖北民谣"春分有雨家家忙，先种瓜豆后插秧"，说的就是到了春分该种菜插秧了，要不就不赶趟，没收成了！

90. 朵朵雪花飘下来，个个都是六个瓣！

科学档案馆：

奥秘事物：雪花

关键词：六万冰晶

奥秘指数：★★★★

　　一提起雪，相信很多人会马上联想起白皑皑的一片，像给大地穿上了银装一样，却很少会有人仔细观察片片雪花本身到底是什么形状。如果你观察过，你就会发现没有两片雪花的形状是完全相同的，也就是说雪花的形状多种多样，但你有没有注意到这众多不同形状的雪花却个个都是六个瓣，换句话说都是六角形的呢？

　　雪花之所以是六角形的，跟它的形成过程有关。雪是由大气中水汽凝华结晶而成，所以雪花在云中的胚胎都是一颗颗小小的冰晶。这些冰晶主要有两种形状，一种是六棱体状，长而细，但有时它的两端是尖的，样子像一根针，叫针晶；另一种则是六角形的薄片状，叫片晶。这些小冰晶要想变成雪花下降，就需要不断地吸收它周围空气的水汽，这样一来越靠近冰晶的地方，水汽由于被消耗掉了就越稀薄。也就是说靠近冰晶处的水汽密度就要比离它远的地方小，那外围的水汽就会不断地向冰晶所在处移动，这些水汽分子自然而然会首先遇到冰晶的各个棱角和凸出部分，并在这里凝华而使冰晶增长。于是冰晶的各个棱角和凸出部分将首先迅速地增长，而逐渐成为枝杈状。以后，因为同样的原因，各个枝杈和棱角处接着长出新的小枝杈来，慢慢地形成了我们熟悉的星状雪花。

那为什么每片雪花具体的形状又不一样呢？这是因为冰晶在不断吸收水汽的过程中，也在不停地下降，各处空气中水汽密度是不一样的，导致各个枝杈接触水汽的多少有所不同，使得那些接触水汽较多的枝又增长得较多，而接触水汽较少的枝杈增长得慢些。因此，我们平常所看到的雪花虽大体上一样但又互不相同。

知识一点通

雪冰

不仅水可以凝固结成冰，雪也可以凝集变成冰，由雪构成的冰叫做雪冰。它在一些常年积雪的山上可以经常发现，有些山甚至可以叫做雪冰山，因为它通体都是被雪构成的冰覆盖。一般而言，从天空中降落的雪在山上会首先变成粒雪，再经过漫长时间的演变会成为冰。这些冰的颜色不尽相同，有些是蓝色的，有些是绿色的，有些则是墨色的，分别称为蓝冰、绿冰和墨冰。不同颜色的冰硬度不一样，墨冰最硬，很难劈入冰镐，所以如果你想攀登覆盖着墨冰的山体，那将会异常困难，相较而言，蓝冰和绿冰就没有那么硬了，人们可以不那么费力地把冰镐劈入冰中，攀登就可以省力些。所以，如果你想攀登一座冰雪覆盖的山体，最好先弄清楚山上是什么颜色的冰，再去挑战才好！

91. 湖水已经结成冰，海水依旧风浪起！

科学档案馆：

　　奥秘事物：*海水*

　　关键词：*结冰　盐度　流动*

　　奥秘指数：★★★★

　　除了南北极附近海域以外，我们很难想象其他海域地区会结冰，即使到了冬天陆地上大部分湖泊都已经被老老实实地冻住了，这些海水依然是该涌动就涌动，该兴风作浪就兴风作浪。换句话说，就是海水要比湖水难结冰，这是为什么呢？

　　我们都知道，淡水水温降为0℃就可以凝固成冰了，这0℃被称为淡水的冰点，即由液态水变为固态的转点温度。所以一般来说，大陆上的淡水湖泊在气温降至0℃以下后会很容易结冰。可是海水不同，它的冰点要比湖水低，这主要是因为海水所含盐度高的缘故。水的盐度越高，那它的冰点就越低，比如说含有10%盐度的水冰点为－0.5℃。据测量，地球上各大洋海水平均盐度为34.48%，各处海水的冰点就约为－1.9℃，比淡水的冰点低了将近2℃。在同样温度下，那海水肯定要比湖水难结冰了。这只是海水比湖水难结冰的一个原因，更为重要的是海水在低温状态下要比湖水的流动性强，这便大大减缓了海水的结冰速度。那是什么原因导致海水的流动性强呢？首先，海水经常受到海洋一些常规流动如洋流、波浪、风暴和潮汐等等影响，不同区域的海水就会发生混合作用。其次是海水的密度随着温度降低逐渐增加，也就是说海水愈冷愈重，这样一来表面海水虽冷却到冰点，这时表面海水密度变大，还要下沉，不断地发生对流运动，所以是不能结冰的。只有上、下层海水都冷却到冰点以后，再继续冷却，海面才能结冰。所以海水无论是在水平方向上还是垂直方向上，都要比湖水流动性强，自然而然就不那么容易结冰了。

但需要牢记的是，上面所说的只是就一般情况而言。不同地方的海水之间结冰速度也是不一样的，不同地方的湖水之间结冰快慢也是不一样的。

知 识 一 点 通

冰的"洪流"——冰凌

我国北方地区到了冬天气温会低于零度，导致很多河流完全被冻结，汽车都可以安然地行使在这些河冰上。而等到了春天，气温逐步回升，河流里的冰就开始融化，分解后的冰块就会随着河水向下流动，叫作河流开封。但是并不是所有的河冰都这样斯斯文文地解冻，让河流顺利开河，有时候由于气温猛升或水位暴涨导致河流的解冻来得很快，大块的冰块堆积汹涌而下，造成所谓的冰凌现象。河水带着冰凌顺流而下，时而阻塞，导致水位抬高；时而又可能溃决，向下猛冲，形成巨大冲击力，严重威胁着河堤和桥梁的安全。不过，今天人们可以借助探测工具，对冰凌汛情进行预报，以便采取相应的措施，让损失降到最小。

92. 南极本是寒冷地，却有湖水暖洋洋！

科学档案馆：

奥秘事物：暖水湖

关键词：晒热说　烤热说

奥秘指数：★★★★

　　提到南极，人们首先想到的往往是可爱的企鹅站在一片冰天雪地中，心想这些小企鹅们太勇敢了，在这么寒冷的地方都能活得如此惬意。可是你绝对想不到，就是在这样寒冷的地方，有些湖泊里的水却是温暖的。例如南极大陆维多利亚地区附近的范达湖，它表面虽然有一层 3～4 米厚的冰层，近冰层水温为 0℃ 左右，但是随着深度增加，湖水温度迅速提高，在 68.6 米深的湖底部，水温高达 27℃，相当于一个室内游泳池冬天的水温。就已探测到的而言，这样的暖水湖不只范达湖一个，已多达二十多个，它们不仅终年不冻，且湖水较暖。

　　对此，科学家们提出了各种解释，比较有代表性的是晒热说和烤热说。有些人认为是被太阳晒热的，这些暖水湖泊的水一般都比较清澈，虽然最上面覆盖了一层厚厚的冰但往往都没有积雪，所以太阳的辐射可以穿过冰层和水层，到达湖底，晒热了水温，同时湖面冰层又能像棉被那样挡住湖水热量的散发，所以湖底的水能够保持一个较高的温度。但有些人质疑，如果水温真的是由太阳照射而成的，那为什么到了极昼时期整天处于太阳暴晒之下的水温并不会无限制地升高呢？也有一些人认为，是一股来自地壳的岩浆流烤热了湖底的岩层，提高了湖底水的温度，但科学家们对范达湖进行了钻探，钻入湖底岩层，取了岩心，发现湖底水很暖，但是湖底岩层却很冷，那烤热说就根本不能成立了。当然，在晒热说和烤热说之外，科学家还提出了种种解释，但都差强人意，并不能让人心服口服。

所以到底暖水湖为什么会出现在这块年平均温度在－25℃、最低温度高达－90℃左右的世界极寒地带，还是一个谜！

可爱的企鹅

在白雪皑皑的南极地区，经常可以看到成群的企鹅挺着个肚子优哉游哉地晒太阳，笨笨的，可爱极了，让人忍不住地想摸摸。可是你别以为只有南极地区才有企鹅，在南半球的其他地方也有很多企鹅。事实上，人类第一次发现企鹅就不是在南极地区，而是在非洲南端，它那时被称作"有羽毛的鱼"，因为它可以自由自在地在水中游泳而又长着厚厚的羽毛。当然，企鹅说到底并不是鱼类，而属于鸟类，不会飞翔的鸟。据科学家统计，现今世界总共存在17种企鹅，均分布在南半球，在南极大陆海岸繁殖的只是其中的两种，而在亚南极地区约有六种，其余九种则是分散在南极大陆海岸与亚南极之间的众多岛屿中。

93. 森林好比一空调，冬暖夏凉不用愁！

科学档案馆：

　　奥秘事物：森林

　　关键词：反射　光合作用　蒸腾

　　奥秘指数：★★★

　　如果你家装了空调，那肯定很舒服，因为此时家里温度就完全在你掌控之中，夏天热了可以开上空调变凉点，冬天冷了开上空调就变暖了。而在大自然中却有一个偌大的免费空调，那就是森林地带。住在这里的人们压根不用担心冬冷夏热的问题，夏天这里会很凉快，而到了冬天即使外面寒风刺骨，森林里却仍是比较暖和的。

　　森林为什么会产生冬暖夏凉的效应呢？这得具体来分析。到了夏天，森林里树木枝繁叶茂，阳光只能从树叶的缝隙里照射到地上，大部分阳光被反射掉而不能直接照射到树林下面。更为重要的是树叶会不停地进行光合作用，即在太阳光照射下树叶会不停利用体内的叶绿素进行化学反应，将二氧化碳和水转化成葡萄糖并释放氧气，在这个过程当中树叶会吸收大量太阳光能。此外，植物体内的水分会以气体形式通过气孔扩散到空气中，这些水汽就会增加空气的湿度，从而减缓大气气温升高。这些因素综合作

用，导致夏天在森林中要比林外凉爽。而到了冬天，森林里边却要比外面暖和。此时，很多植物的叶子大量脱落，只剩下树干和枝条，植物的反光作用就会大量减弱，阳光从而能够直射进森林里面，森林的温度也就增加了。其次，树叶的光合作用和蒸腾作用都大大降低了，植物吸收的热量便大为减少。与此同时，随着光合作用的减少，森林所能吸收的二氧化碳数量也随之减少，空气中二氧化碳浓度就会增加，从而产生温室效应，提高了森林里的温度。所以森林中的气温比森林外高出许多。

因此可以说，森林会自动调节气温，好比是一台大型的绿色空调，呆在里边冬暖夏凉不用愁！

知 识 一 点 通

植物"吃东西"——光合作用

植物跟动物不同，它没有消化系统，不能依靠捕食其他动物或者啃食植物来填饱肚子，从而获取营养维持生存。对于绿色植物来说，获得生长发育必需的养分主要途径是依靠光合作用，它是绿色植物利用体内的叶绿素吸收阳光，加上空气中的二氧化碳、泥土中的水分及矿物质进行化合反应，不断地生产出葡萄糖以供植物生长。不仅绿色植物会进行光合作用，一些藻类和细菌也会，只要它们体内含有叶绿体即可。植物通过光合作用不断为自己获取了养分，而且它在光合作用过程中会不断地释放氧气，这些氧气也会造福于动物们，因为动物都是不断地吸收氧气而呼出二氧化碳的。

205

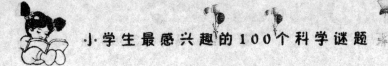

94. 沙漠表层极干旱，底下却是大水库！

科学档案馆：

奥秘事物：撒哈拉沙漠

关键词：地下水

奥秘指数：★★★

在相隔我们万里的非洲大陆北部，横亘着一块极其辽阔的沙漠地带，这便是我们常说的撒哈拉大沙漠。它的总面积达910多万平方千米，置身其中，满眼望去就是数不尽的沙丘，有的是新月形，有的是金字塔形，有的是抛物线型，千奇百怪。

这里也是世界上最干旱的地区之一，虽然有时乌云也会来这片沙漠的上空逛逛，但你别想等到它下雨，因为雨滴在半空中已经就被蒸发掉了。可是就是在这样一个滴雨难求、极其荒凉的地方，却有着世界上最大的地下水库，名字叫"萨沃尔宁海"，面积达到了80万平方公里。并且，撒哈拉沙漠的地下水库也不止一个，据科学家估计，这些地下水库的面积加总起来相当于撒哈拉沙漠总面积的一半左右。真是让人不可思议！

有些科学家开始探究这些地下水库的形成原因，以及这些沙漠地下水的来源。他们指出，这跟撒哈拉沙漠地区历史上的气候有关。原来在几千年前，撒哈拉沙漠地区并不像现在这么干旱少雨，还是有很大的降雨量，而且很多地方连沙子的影子都找不到，都是些草原和沼泽地带。这样的植被形态和降雨量，在这个地区持续了很长很长的时间，所以就有大量的地表积水渗入地下并聚集起来。等到这里气候越来越干燥，沙丘堆越来越多的时候，这些地下水聚集起来形成的水库并没有消失，只是被漫漫黄沙覆盖了而已。

所以，如果住在撒哈拉地区的人们，能够利用这里的地下水资源，那该多好呀，他们就不再为缺水而苦恼了。不过，要开掘这些地下水可不是那么容易的事，因为它们太深了，而沙子也太不牢固了！

神奇的金字塔

在撒哈拉沙漠东部的苏丹和埃及分布着举世闻名的金字塔，被誉为世界七大奇迹之首，象征着古埃及文明的繁荣和延续。这些金字塔是古埃及法老们为自己建造的陵寝，类似于我国古代的皇帝为自己建造的大型陵墓一样，它们往往规模宏伟、结构精密。塔的顶部呈锥角，使得它的外形看起来像是汉字中的"金"字，故而得名。金字塔众多，其中最大、最有名的当属埃及第四朝法老胡夫的陵墓，高度相当于40层高的摩天大厦，底边各边长达230米，占地53000多平方米，极其宏伟。更让人不可思议的是，它由230万块平均重约2.5吨的大石块堆叠而成，真的很难想象在4500多年前人们是如何把这些石块搬上去的。

95. 沙子本无生命力，为何却会欢快唱？

科学档案馆：

奥秘事物：鸣沙

关键词：沙丘　歌唱

奥秘指数：★★★★

人们发现世界上很多地方的沙滩或沙漠能够不断地发出声响。远的不说，就拿中国甘肃敦煌的鸣沙山来说吧，人们如果从山顶顺着沙子往下滑，那沙子就会不断地发出声响，如同在演奏音乐一样，不绝于耳。各地沙子发出的声响并不是一样的，有的听起来像狗在叫，有的听起来像汽车马达声，千奇百怪。

可是，并不是所有的沙堆都能发出声响，沙子只有在一定条件下才会发出声响。例如，沙子必须是干燥的，一旦受潮了，那就会变成"哑巴"默默不语了。所以你要想听到沙丘的歌唱，最好选一个晴朗天，要不就会让你失望而归了。就鸣沙山一般情况而言，有人指出需要具备三个条件，它才能发出声响：一是沙丘一般都要又高大又陡峭；二是只有背风向阳的一面才能发出声响，且这一面往往是月牙儿形状；三是沙丘底下一般要有水渗出才行。当然这只是笼统地说来，某一特定地方往往还会有其发出声响的特别原因。

　　那究竟是什么原因使得沙子听起来好像会"歌唱"呢？目前科学家还没有找出确切的原因，也没有达成一个被大家都认可的解释。有的学者认为是由无数沙粒相互摩擦导致的，有的学者认为是由于沙粒之间的空气流动而发出的，有的则认为是沙子带电的原因造成，这些沙粒有的带正电荷，有的带负电荷，彼此之间相互排斥从而引起声响来。这些解释听起来都挺有道理的，但到底哪个才是真正的原因，还有待科学家的进一步研究。

 知 识 一 点 通

漂亮的新月形沙丘

　　新月形沙丘，是沙漠里沙丘最常见的形态。沙漠里的风在一定季节常保持一定风向，那些被大风吹起的沙粒遇到地面的阻碍物就会落下堆成一个个沙丘。但当风吹到沙丘时，由于受到了阻挡就不能再顺利前进。此时，一部分风顺着沙丘斜坡越过顶部继续前进，另一部分风从沙丘两边分开，绕过沙丘两侧再前进。从沙丘顶部越过的风带走的沙粒比较少，而那些绕道从沙丘两侧经过的风，却把沙丘两侧的大量沙粒带走，这样一来使沙丘的中部顶着风吹来的那面凸出，两侧随着风向渐渐向前面伸出两个夹角，就变成月牙儿状。由此可见，新月形沙丘的命运完全是由风掌控的，而不能自己做主。

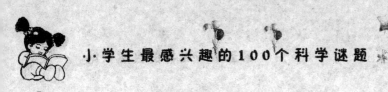

96. 太阳自转有奥妙，里边快来外边慢！

科学档案馆：

　　奥秘事物：太阳

　　关键词：气体球　自转

　　奥秘指数：★★★★★

　　天空中很多天体并不是静止不动的，而是在不停地运动着。就拿地球来说，一方面是绕着太阳公转，一方面是在不停地自转。太阳也不例外，它也在不停地自转，同时绕着银河系中心转圈子。不过太阳自转跟地球自转有一个很大不同，那就是地球各处自转虽然速度不一样但自转一周所花时间则相同，均约为 1 天。而太阳就不同，不仅各处自转速度不同，并且各处自转一周所花时间也有长有短。例如，太阳跟地球一样也是一个球状体，球体正中间可以称为赤道，两端可以称为两极，太阳在赤道地区自转一周约要 25.4 天，但它自转速度却是地球赤道地区自转速度的 4 倍；而在太阳两级附近，自转一周约为 36 天。

　　这是由于太阳和地球构成不同造成的，太阳并不像地球那样是一个固体球，而是一个气态等离子球体。也正是由于太阳是气体球，导致太阳自转有一个更为奇妙的地方，那就是太阳里外自转速度是不一样的——太阳里边的速度要快一些，而表层要慢一些。这是由美国加利福尼亚理工学院的肯·利伯雷克特首先发现的。他通过多年的辛勤观察，发现太阳不同纬度地区自转速度不同，靠近太阳赤道快一些而靠近太阳两极要慢一些。但他发现这样一个变化只限于太阳的表层，确切地说只限于太阳表面向内延伸30%的距离，而从太阳深处的扰动非常大的对流带开始，太阳旋转速度加快，大约每27天就能均匀地旋转一次。也就是说太阳外层1/3地带以一定特征在旋转，而它的里层约2/3地带以另一特征在旋转。

不过太阳自转的这些特点单凭我们肉眼是无论如何也发现不了的，它只有借助于特定的先进工具才能实现。

万物之父——太阳

地球的生存离不开太阳，可以说太阳是人类的衣食父母，可是你知道太阳究竟是一个怎样的星球吗？其实，在广袤浩瀚的宇宙世界里，太阳只不过是一个非常普通的星球，目前已经走过自己一半的生命历程，可谓是正当中年。它是一个热气体球，主要由氦气和氢气构成，分别占了71%、26%，其余则是一些少量的重元素。相较于地球而言，它无论个头还是重量都要大得多，确切地说，它的直径为 1.392×10^6 km，相当于地球的109倍；而它的质量为1989.1亿亿亿吨，约为地球的33万倍。更为奇特的是，它在不停地燃烧自己，表面温度达到了5800℃，而在核心层温度竟高达 1.56×10^7℃，高得吓人！

97. 无风也起三尺浪，千里之外邮递来！

科学档案馆：

奥秘事物：海浪

关键词：风浪　涌浪

奥秘指数：★★★★

俗话说无风不起浪，讲的是有浪就必定要有风，可是任何事情都不是绝对的，有些时候即使没有风还是会有一浪高过一浪的海浪。比如说，居住在西印度群岛的居民们就可以经常看到"无风也起三尺浪"，即便是晴空万里，风和日丽，他们也会看见海岸边上出现很高的波浪，并且这些波浪可不是一会儿就完，而是会持续很长一段时间，当地好多居民都觉得是神灵在作怪。事实上，当然不是什么神灵了。据科学家研究发现这些波浪并不是当地"土生土长"的，而是从大西洋远道而来的舶来品，是千里之外"邮递"过来的。

那波浪为什么在没有风的情况下，还能行进到千里之外呢？原来，海浪起初要启动的话，都要借助一定的海风，因为只有足够大的风才能掀起海水形成海浪。这种由于风的行进导致的海浪叫做风浪，它在形成过程中会不断获得大量能量，并储存起来。即使等风停止以后，波浪仍会借助这些能量继续顺势向前传播推

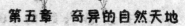

进，有时甚至能传到千里之外的海域。西印度群岛的居民看到的海浪就属于这种情况，巨大的风浪在西太平洋海域被掀起来后，由于行进过程存储了大量的能量，等到风停止了，海浪仍会继续行进，直至西印度群岛海域。这种在风停止以后仍能继续前进的波浪，有一个学名叫作涌浪。它的传播速度甚至要比风浪快，可以达到日行千里，传播到很远很远的海域中。

这下你明白什么叫做"无风也起三尺浪，千里之外邮递来"了吧，它可不是由于什么神灵造成的，而是一个再正常不过的自然现象罢了。

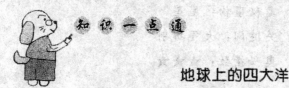

地球上的四大洋

地球，确切地说，应该叫做水球，因为事实上陆地只占了 30%，而海洋却占到了 70%。地球的海洋被分为四大洋，依次为太平洋、大西洋、印度洋和北冰洋，它们主体之间虽然因为大陆相互隔开，但相互之间却有水域相连。其中面积最阔、深度最大、边缘海和岛屿最多的大洋是太平洋，位于亚洲、大洋洲、美洲和南极洲之间，北端的白令海峡与北冰洋相连，南至南极洲，并与大西洋和印度洋连成环绕南极大陆的水域；其次为大西洋，位于南、北美洲和欧洲、非洲、南极洲之间；再者为印度洋，位于亚洲、大洋洲、非洲和南极洲之间；最小的大洋则是位于地球最北的北冰洋。

98. 星星也会眨眼睛，忽明忽暗为哪般？

科学档案馆：

　　奥秘事物：星星

　　关键词：大气折射

　　奥秘指数：★★★

　　每当夜幕降临，遥望星空，繁星点点，点缀着那深邃而悠远的夜，不免让人产生无限遐想。有意思的是，我们会发现，群星在不停地一闪一闪，忽明忽暗，好像是在跟我们捉迷藏似的，更好像是顽皮的小孩在不停地眨眼睛。可为什么星星会如此"调皮"呢？

　　当然不是星星一会儿发光，一会儿又不发光。平时我们所看到的星星，除了极少数是行星外，绝大多数是恒星，它们每时每刻都在不断发光。由于距离地球都很远，它们发出的光往往需要经过很多亿公里的宇宙旅程才能到达地球。星光在到达地球表面前，都要先穿过地球厚厚的大气层。而光线既可以不依靠任何媒介在真空中传播，也可以在一定的媒介中传播，例如空气、水等等。所以，星光穿过大气层是完全没有问题的。但由于地球上空的大气层，并不是均质，它在不同的高度，不同的地方，不同的时间，会具有不同的密度和构成。而光线在不均质的媒介传播就会发生折射现象，就好比我们把一根筷子放在盛水的碗里就好像折断了一样。所以，星光穿过大气层，就会不断地发生折射。同时，由于大气不是静止不动的，而是在不停地流动，例如热空气会上升，而冷空气会下降，同时还会有风不停地吹来吹去，导致空气密度会随着时间和空间的转移而不断地起伏变化。如此一来，从远处发来的星光进入地球大气层后，折射光的方向是在时时发生变化，这时光在大气中的折射曲线就会变得不稳定。折射光是时刻"摇摆不定"，那我们看到的星星就好像是在眨眼睛一般。

所以，星星之所以像是不停地眨眼睛，是由于星光在穿过大气层的过程造成的，大气会对星光造成不稳定的折射，从而使得星星会出现忽明忽暗的现象。

多彩的星星

天上的星星，不仅有明暗之分，其实颜色也各不相同。但我们肉眼一般很难区分星星的颜色，只有借助于专门的仪器来测定，才有可能区分清楚星星的颜色。有的星星泛红，而有的星星泛黄，也有的星星泛白，还有的星星泛蓝。恒星们具有不同的颜色，是因为它们的表面温度不同。一般而言，红色星星的温度是最低的，而黄色星星次之，再者为白色星星，最高为蓝色星星。由此我们可以明白，太阳是颗黄色星球是多么的重要，因为唯有如此，才能使太阳表面温度适中。在金黄色的太阳照耀下，地球才不会温度太低也不会温度太高，人类才能够长久地生存下去！

99. 雪花不只一种色，除了白色还多彩！

科学档案馆：

奥秘事物：雪花

关键词：彩色雪　杂质

奥秘指数：★★★★

  正所谓白雪皑皑，说起雪人们总是想到白茫茫的一片，可你能想到吗，世界上还降过彩色的雪呢？在 1959 年的一天，南极的上空突然乌云密布，刮起阵阵暴风，暴风过后天空中飘起了红色的大雪——像鲜血一般红，让人惊诧。不仅如此，人们在南极还看到过黄、绿、褐等各种颜色的雪。在世界其他地方，也降过彩色的雪，比如说我国内蒙古地区就下过黄色的雪，意大利曾经还下过一场黑雪，让人不得不感叹世界真是太奇妙了！

  那么，这些彩色的雪是怎样产生的呢？其实，并不是雪本身由白色变成了彩色，而是由于雪中掺杂了彩色的物质，二者一混合，降落下来的雪就变成彩色的了。比如南极地区，虽然极度寒冷，但该处却繁衍着无数的藻类植物，品种繁多，颜色也多种多样。有些是绿色的，有些是红色的，有的却又是黄色的，一旦这些藻类植物被暴风刮到高空，和雪片相遇，粘在雪片上，白色的雪和彩色的藻类植物一混合，那下来的雪就变成彩色的。人们之所以能够看到红色的大雪，就是因为红色的藻类被暴风吹起，尔后跟白雪混合起来了。内蒙古地区的雪是黄色也是同样的道理，只不过不是藻类植物掺杂到雪中，而是该地区漫漫的黄沙被大风刮起卷入雪中。而意大利地区下了乌黑的雪就更独特了，由于下雪时恰好有亿万个像针那样的黑色小昆虫在天空中不停地飞翔，这些小昆虫沾在雪里降下就导致雪变成黑色的了。其他各种颜色的雪，也大都是由于掺杂了各种彩色的物质而已。

这下你明白了吧，雪的"本质"是没有变的，还是洁白的，看似神奇的彩色雪，是由环境中彩色的杂质玷污而形成的。

知识一点通

固态降水

地球上降水可以分为两类，一种叫作液态降水，如下雨；另一种叫作固态降水，如下雪。一般而言，纯粹的液态降水就只有下雨，但固态降水却不只下雪一种，它还包含其他好几种类型。其中较为常见的就是冰雹了，它是比较大的水滴围绕着凝结核一层又一层地冻结而形成的半透明的冰珠，具有较大质量，所以很容易损害农作物的生长。另一种比较常见的就是霜，不过它跟冰雹、雪有一个本质性的不同，那就是它不是水汽蒸发上升到空中遭遇冷空气凝结而成，而是在地表附近就遭遇了冷空气形成的，所以被称作"地表生长型"固态降水。除了冰雹、霜之外，还有一些固态降水形式，如雨凇、雾凇和霰等等，不过它们就不那么容易见到了。

100. 遥看海面蓝又蓝，掀起浪花白又白！

科学档案馆：

> 奥秘事物：浪花
>
> 关键词：光反射
>
> 奥秘指数：★★★

　　如果你去过海边的话，一定会有这样的经历，举目望去，那无边无际的海面是蓝又蓝，但风过掀起的浪花却是白又白。那你会不会感到疑惑，为什么同样的海水却会呈现出两种截然不同的颜色呢？其实，如果你用手掌舀些海水上来的话，就会发现海水本身是没有颜色的，它就像自来水一样是无色透明的。海面之所以在风平浪静的时候是蓝色的，而掀起的浪花却是白色的，并不是海水的缘故，那是因为什么呢？一句话，大海和浪花的颜色不同是由于太阳光原因。

　　太阳光由红、橙、黄、绿、青、蓝、紫七种颜色的光组成，这些不同颜色的太阳光波长不同。一般来说红光、橙光、黄光波长较长，而蓝光、紫光波长较短。那这太阳光不同波长跟大海和浪花颜色有什么关系呢？当太阳光照射到海面上，因为水对波长较长的光吸收显著，对波长较短的吸收不明显，所以红光、橙光和黄光、绿光在不同的深度时均被吸收了，而波长较短的蓝光和紫光遇到水分子或其他微粒却会四面散开或反射回来，这些蓝光和紫光再反射或散射到我们眼里，那看到的大海就总是碧蓝的了（由于人眼对紫光很不敏感，所以紫光往往是视而不见）。那么浪花为什么会变成白色的呢？这是因为掀起的浪花不再像平静水面那样是规则的，而是各处形状迥异，这样一来光照射过去时，除了发生反射以外，又发生了多次折射，导致向任一方向都会散射出各种不同的颜色的光。这些不同颜色的光复合起来，射到我们眼中就是白色的了。

所以，"遥看海面蓝又蓝，掀起浪花白又白"，并不是海水颜色真的改变了，而是对太阳光照射的不同反应造成的。

黑色的海——黑海

地球上的海洋总体看来呈蓝色，但是也有一些海域尤其是内海是其他颜色的，例如黑海就呈黑色，甚是奇怪。黑海，是一个内海，位于欧洲东南部和亚洲小亚细亚半岛之间，以其水色呈黑色而闻名于世界。黑海的深层，基本没有氧气，也没有有机质存在，导致其水中富含的硫酸盐在特种细菌的作用下分解产生硫化氢。此种物质不仅对鱼类有害，而且呈黑色，成为致使黑海深层海水呈现黑色的主要原因。但黑海的表层则又完全不同，含盐度偏低，这是由于该地区降水较为充足，并且沿岸有多条河流（如多瑙河）注入，使得表层和深层成为了两个迥异的世界。